国家出版基金项目
NATIONAL PUBLICATION FOUNDATION

博物馆里的中国

追寻红色记忆

宋新潮　潘守永／主编

鲁　鑫／编著

天津出版传媒集团

新蕾出版社

图书在版编目（CIP）数据

追寻红色记忆 / 鲁鑫编著. -- 天津：新蕾出版社，2015.9（2022.11 重印）
（博物馆里的中国 / 宋新潮，潘守永主编）
ISBN 978-7-5307-6261-5

Ⅰ. ①追… Ⅱ. ①鲁… Ⅲ. ①中国革命博物馆–青少年读物 Ⅳ. ①G269.26-49

中国版本图书馆 CIP 数据核字(2015)第 208546 号

书　　名	追寻红色记忆　ZHUIXUN HONGSE JIYI
出版发行	天津出版传媒集团 新蕾出版社
	http://www.newbuds.com.cn
地　　址	天津市和平区西康路 35 号(300051)
出 版 人	马玉秀
电　　话	总编办(022)23332422 　　发行部(022)23332351　23332679
传　　真	(022)23332422
经　　销	全国新华书店
印　　刷	天津新华印务有限公司
开　　本	787mm×1092mm　1/16
字　　数	114 千字
印　　张	11.5
版　　次	2015 年 9 月第 1 版　2022 年 11 月第 14 次印刷
定　　价	36.00 元

著作权所有，请勿擅用本书制作各类出版物，违者必究。
如发现印、装质量问题，影响阅读，请与本社发行部联系调换。
地址:天津市和平区西康路 35 号
电话:(022)23332677　邮编:300051

◆ 主编

宋新潮
国家文物局副局长
国际博物馆协会亚太地区联盟主席
中国博物馆协会理事长

潘守永
上海大学教授、博士生导师,博物馆学家

◆ 编委会

庄孔韶
中国人民大学、浙江大学教授,国际知名人类学家

安来顺
北京鲁迅博物馆副馆长
国际博物馆协会执行委员会委员
中国博物馆协会副理事长兼秘书长

宋向光
北京大学教授
北京大学赛克勒考古与艺术博物馆副馆长

成建正
陕西历史博物馆馆长

陈建明
湖南省博物馆馆长
中国博物馆协会副理事长

曹兵武
中国文物报社总编辑,古地质学家,考古学家

Sharon Macdonald(麦夏兰)
英国约克大学文化遗产和博物馆方向资深教授

王 素
中国教育科学研究院国际比较教育研究中心主任
著名儿童教育专家

◆ **审读委员会**

云希正
全国文物鉴定委员会委员
天津博物馆研究馆员

白云翔
中国社会科学院考古研究所副所长

刘　燕
周恩来邓颖超纪念馆文博馆员

刘世风
中国地质博物馆副研究馆员

孙　革
沈阳师范大学古生物学院院长
辽宁古生物博物馆馆长

杜晓帆
联合国教科文组织北京代表处文化遗产保护专员

李　凯
天津文博院院长，天津博物馆副馆长

吴梦麟
北京市文物局专家组成员
北京石刻艺术博物馆研究馆员

张玉光
北京自然博物馆研究馆员

张亚钧
中国地质博物馆副馆长

陈　凌
上海博物馆出版摄影部主任

赵　娜
天津古籍出版社编辑室主任、副编审

徐汝聪
《上海文博论丛》编辑部主任

舒德干
西北大学早期生命研究所所长，中国科学院院士

路国权
山东大学东方考古研究中心教师，博士

（审读委员会按姓氏笔画排序）

序

在这里,读懂中国

博物馆是人类知识的殿堂,它珍藏着人类的珍贵记忆。它不以营利为目的,面向大众,为传播科学、艺术、历史文化服务,是现代社会的终身教育机构。

中国博物馆事业虽然起步较晚,但发展百年有余,博物馆不论是从数量上还是类别上,都有了非常大的变化。截至目前,全国已经有超过4000家各类博物馆。一个丰富的社会教育资源出现在家长和孩子们的生活里,也有越来越多的人愿意到博物馆游览、参观、学习。

"博物馆里的中国"是由博物馆的专业人员写给小朋友们的一套书,它立足科学性、知识性,介绍了博物馆的丰富藏品,同时注重语言文字的有趣与生动,文图兼美,呈现出一个多样而又立体化的"中国"。

这套书的宗旨就是记忆、传承、激发与创新,让家长和孩子通过阅读,爱上博物馆,走进博物馆。

记忆和传承

博物馆珍藏着人类的珍贵记忆。人类的文明在这里保存,人类的文化从这里发扬。一个国家的博物馆,是整个国家的财富。目前我国的博物馆包括历史博物馆、艺术博物馆、科技博物馆、自然博物馆、名人故居博物馆、历史纪念馆、考古遗址博物馆以及工业博物馆等等,种类繁多;数以亿计的藏品囊括了历史文物、民俗器物、艺术创作、化石、动植物标本以及科学技术发展成果等诸多方面的代表性实物,几乎涉及所有的学科。

如果能让孩子们从小在这样的宝库中徜徉，年复一年，耳濡目染，吸收宝贵的精神养分成长，自然有一天，他们不但会去珍视、爱护、传承、捍卫这些宝藏，而且还会创造出更多的宝藏来。

激发和创新

博物馆是激发孩子好奇心的地方。在欧美发达国家，父母在周末带孩子参观博物馆已成为一种习惯。在博物馆，孩子们既能学知识，又能和父母进行难得的交流。有研究表明，12岁之前经常接触博物馆的孩子，他的一生都将在博物馆这个巨大的文化宝库中汲取知识。

青少年正处在世界观、人生观和价值观的形成时期，他们拥有最强烈的好奇心和最天马行空的想象力。现代博物馆，既拥有千万年文化传承的珍宝，又充分利用声光电等高科技设备，让孩子们通过参观游览，在潜移默化中学习、了解中国五千年文化，这对完善其人格、丰厚其文化底蕴、提高其文化素养、培养其人文精神有着重要而深远的意义。

让孩子从小爱上博物馆，既是家长、老师们的心愿，也是整个社会特别是博物馆人的责任。

基于此，我们在众多专家、学者的支持和帮助下，组织全国的博物馆专家编写了"博物馆里的中国"丛书。丛书打破了传统以馆分类的模式，按照主题分类，将藏品的特点、文化价值以生动的故事讲述出来，让孩子们认识到，原来博物馆里珍藏的是历史文化，是科学知识，更是人类社会发展的轨迹，从而吸引更多的孩子亲近博物馆，进而了解中国。

让我们穿越时空，去探索博物馆的秘密吧！

潘守永

2014年2月于美国弗吉尼亚州福尔斯彻奇市

导言

从传统走向未来

现在呈献给大家的这本书,介绍了中国博物馆中最具时代特征的一类——革命博物馆。

"革命"一词在中国有着很古老的出典,最早源于先秦古书《周易》中的"汤武革命"。

"汤"是商代的开国之君成汤,"武"是周代的创建者姬发。"革"的意思是变革,"命"的意思是天命。"汤武革命"指的是商、周两代除旧布新的政治运动。

既然"革命"一词在中国有着悠久的历史,那么为什么我们今天一提到"革命",首先想到的却是1840年鸦片战争以来中国近代的历次革命呢?这是因为中国近代百余年的历史是中国人开眼看世界的历史,也是中华民族屈辱落后的历史,正所谓知耻而后勇,因此在近代历史上,中华民族要求彻底改变自身命运的呼声最强烈,行动也最坚决。

根据国家文物局的统计数据显示,截至2012年,

我国核准备案的博物馆共有3322家。其中,为纪念近现代革命史上的重大事件或杰出人物而兴建的革命类博物馆大概能占到四分之一,数量十分惊人。如此多的革命类博物馆的存在,时时刻刻提醒我们:有这样一段历史,需要我们刻骨铭心;有这样一些事件,开启了历史转折的大门;有这样一些地点,已成为一个时代的标志;有这样一些人物,在艰难困苦中展示了我们的民族之魂。革命类博物馆中的每一件藏品都蕴含了一段记忆,千万段记忆汇聚成同一个主题,那就是近代以来中华儿女在寻求中华民族伟大复兴历程中的梦想、实践和成就。前事不忘,后事之师,中国梦的伟大理想正是革命记忆的现代延续。

篇幅所限,这本书不可能将所有类型的革命博物馆一一展示给大家,我们在这里介绍的,是其中比较常见的五类。

第一类,展示帝国主义侵略暴行和中华民族屈辱历史的博物馆。由于展示了太多的灾难、痛苦和死亡,这类博物馆也被称作"黑色旅游"目的地。来此参观的人们在因为恐惧和悲伤而感受到灵魂震撼的同时,一定会问,是谁带来了如许的灾难、痛苦和死亡,又是谁驱散了如许的黑夜,领导中国走向光明?第二类,展示革命战争史的博物馆。革命最激烈的形式是武装斗争,因为旧势力不愿主动退场,革命者只好用剑与火把他们驱赶下去。第三类,中国共产党党史类博物馆。此类博物馆用丰富的藏品记录了中国共产党辉煌的历史,证明了为什么只有中国共产党才能救中国。第四类,展示革命根据地斗争史、建设史的博物馆。全民皆兵的战争故事,热火朝天的劳动场面,共产主义的政治激情……这类博物馆用革命根据地的正能量感染着每一位参观者。第五类,革命伟人故居类博物馆。向革命前辈学习,要学的当然不是他们的功业,因为历史不可能重来,而是应该更多地关注他们的成长经历,以及他们在平凡生活中的所思所想、所作所为。革命伟人故居类博物馆就从这样一个更贴近生活的角度向我们展示了伟人们的"平凡世界"。

为了更好地完成保护收藏、宣传教育和科学研究的任务,各家革命博物馆在藏品内容、场馆设计、展览形式等方面都匠心独运,有很多值得称道的地方。

遗憾的是,这本书远不能将各家博物馆的精彩之处以及它们带给参观者的感动和震撼全面地传递给大家。想要更多地了解中国的革命和历史,就让我们亲身走进各个博物馆吧!

目录

第一章　屈辱的历史 ·················· 1

博物馆探秘 ································· 3

　　第一次世界大战亚洲唯一战场——青岛山炮台遗址公园 ············ 3

　　修在中国的"外国"监狱——旅顺日俄监狱旧址博物馆 ············· 5

　　前事不忘,后事之师——侵华日军南京大屠杀遇难同胞纪念馆 ······ 7

不能忘记的历史 ························· 9

　　青岛山铸铁瞭望塔 ······················· 9

　　至死不屈英雄志 ························· 13

哭僵的孩子……………………………………15
多姿的博物馆——以假乱真的复制品………17
屈辱记忆……………………………………20

第二章　血与火的开场……………………………27

博物馆探秘……………………………………28
　　首义之区　民国之门——辛亥革命武昌起义纪念馆…28
　　军旗升起的地方——南昌八一起义纪念馆…………30
　　卢沟醒狮——中国人民抗日战争纪念馆…………32
革命记忆……………………………………34
　　意外第一枪………………………………34
　　朱德的手枪………………………………38
　　大刀向鬼子们的头上砍去………………41
多姿的博物馆——主题雕塑…………………43
革命档案……………………………………46

第三章　走向光明……………………………………………………53

博物馆探秘……………………………………………………………56

　　革命声传画舫中——南湖革命纪念馆 ………………………………56

　　梅园风范,万古长青——中国共产党代表团梅园新村纪念馆 ……61

　　新中国从这里走来——西柏坡纪念馆 ………………………………62

革命记忆……………………………………………………………65

　　陈望道与《共产党宣言》………………………………………………65

　　一张"珍贵"的"法币" ……………………………………………69

　　一件"普通"的一级革命文物——长凳 ……………………………71

多姿的博物馆——网上展馆 ……………………………………75

革命档案 …………………………………………………………78

第四章 伟人从这里走来 ·············· 85

博物馆探秘 ·············· 87
    劈甘蔗的游戏——孙中山故居纪念馆 ·············· 87
    从百草园到三味书屋——绍兴鲁迅纪念馆 ·············· 89
    火车向着韶山跑——韶山毛泽东同志纪念馆 ·············· 92

革命记忆 ·············· 95
    铁船梁的启发 ·············· 95
    刻着"早"字的书桌 ·············· 98
    "濯足"与"修身" ·············· 101

多姿的博物馆——寻找伟人生命的轨迹 ·············· 104
革命档案 ·············· 108

第五章　鲜红的旗帜竖起来 …………………115

博物馆探秘 …………………………………117

　　胜利的起点——井冈山革命博物馆 …………117

　　山丹丹开花红艳艳——延安革命纪念馆 ………119

革命记忆 ……………………………………121

　　三大纪律八个注意说明 …………………121

　　毛泽东的小青马 …………………………126

　　红色债券 …………………………………129

多姿的博物馆——遗址和旧居 ……………132

革命档案 ……………………………………137

　　　博物馆参观礼仪小贴士 ………………146
　　　博乐乐带你游博物馆 …………………148
　　　难忘的旅程 ……………………………164

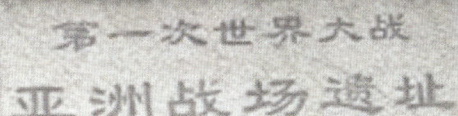

第一章
屈辱的历史

中国拥有不少"唯一"的称号,绝大多数都值得我们骄傲。但是,"第一次世界大战亚洲唯一战场遗址"这个称号带给我们的只有屈辱。

中国近代百年的历史是贫穷落后、屈辱挨打的历史,同时也是中华民族不屈不挠抗争的历史。鸦片战争以来,为何有一批又一批的仁人志士前仆后继地投身革命的洪流中？他们的出发点绝不是党派的浮沉,不是政权的更迭,更不是个人的生死荣辱,而是整个中华民族已到了亡国灭种的边缘。看看那时我们的国土上有什么：外国人的租界、外国人的兵营、外国人关押中国人的监狱、外国人杀戮中国人的屠场……在这样的关头,但凡一个有自尊的国人都会生出一种渴望：灭亡吧,旧制度！灭亡吧,旧政权！只有举起革命的锤,才能砸断祖国身上的桎梏。

仅仅一百余年,帝国主义列强在中国犯下的罪行却是罄竹难书。如今,他们的累累罪行以及因此带给中国人民的苦痛记忆,都被保存在博物馆里。提起侵华日军南京大屠杀,所有人都会想到遇难的 30 万同胞,走进侵华日军南京大屠杀遇难同胞纪念馆，我们将深切地体会到，在 30 万数字的背后就有 30 万段让人痛彻心扉的悲惨经历。

　　有些历史可以被宽恕，但不可以被忘记。这些记录帝国主义列强侵略暴行的博物馆不但是侵略者的耻辱柱，它们也能让我们对那段屈辱的历史时刻保持警醒。

博物馆探秘

第一次世界大战亚洲唯一战场
——青岛山炮台遗址公园

　　中国拥有不少"唯一"的称号，绝大多数都值得我们骄傲。

但是,"第一次世界大战亚洲唯一战场遗址"这个称号带给我们的只有屈辱。由着德国和日本这两只帝国主义猛兽在自己家中恶斗,当时的清政府却一点儿办法也没有。

1898年3月,德国强迫清政府签订中德《胶澳租界条约》,将胶州湾租给德国99年,租期内胶州湾完全由德国管辖。1899年,侵华德军在青岛市内的青岛山上修建了南、北炮台和地下中心指挥部。1914年第一次世界大战爆发后,日本对德宣战。日方从海、陆两道攻击德军。经过七日激战,青岛山炮台又被日军占领。从此,这里成为"第一次世界大战亚洲唯一战场"(图1.1.1—图1.1.2)。

如今的青岛山,战争的硝烟已经散尽,昔日弹片纷飞的战

图1.1.1　第一次世界大战亚洲战场遗址

> 希望这样的悲剧不再重演。

图 1.1.2　青岛山炮台遗址公园照壁上有一行小字：
第一次世界大战亚洲唯一战场遗址

场现在变成了青岛山炮台遗址公园。来这里参观的人们无不对那庞大而坚固的地下工事印象深刻，但是，像这样修在中国领土上的外国军事要塞，今后还是再也不要出现了！

修在中国的"外国"监狱
——旅顺日俄监狱旧址博物馆

　　旅顺日俄监狱（图 1.1.3）是 1902 年由俄国始建，1907 年由日本扩建而成的。与世界上其他的监狱不同，它是世界上两个帝国主义国家在第三国连续修建、使用的一座监狱。它里面关押的不仅有中国人,还有反对日本侵略战争的日本人、朝鲜人等其他国家的人士。

图 1.1.3　旅顺日俄监狱旧址博物馆

日本侵略者在这座"人间地狱"中杀害了无数中国革命者和国际进步人士(图 1.1.4)。仅 1942 年到 1945 年 8 月,就有 700 多人被绞杀。据当时监狱管理者田子仁郎供述,就在日本宣布投降的第二天,他还亲自指挥看守在绞刑室里秘密杀害了抗日志士刘逢川、何汉清等人。

1945 年 8 月,苏联红军进驻旅顺,监狱解体。1971 年 7 月,监狱旧址经过修复,作为陈列馆向社会开放。1988 年,国务院公布旅顺日俄监狱旧址博物馆为全国重点文物保护单位。如今,这里已成为帝国主义列强侵华和反人类的铁证。

图 1.1.4 旅顺日俄监狱刑讯房

前事不忘,后事之师——侵华日军南京大屠杀遇难同胞纪念馆

这是一处会让人的灵魂因为恐惧、悲哀、愤怒而战栗的地方,一面墙壁上用中、英、日三种文字刻着:遇难者 300000。一

串长长的"0",仿佛是一个个黑洞,里面羁留了太多的冤魂。而30万仅仅是遇难同胞人数的下限,实际遇难人数远远超过这一数字。"南京!南京!"我们仿佛听到了他们凄厉的悲鸣。

1937年12月13日,侵华日军攻占南京。在华中方面军司令官松井石根和第六师团师团长谷寿夫等法西斯分子的指挥下,日本军队对手无寸铁的南京民众进行了长达六周惨绝人寰的大规模屠杀。后来发表的《远东国际军事法庭判决书》中写道,"日本兵完全像一群被放纵的野蛮人似的来污辱这个城市","日军在街上漫步,一点儿也未被开罪,并且毫无缘由、不分青红皂白地屠杀中国人","中国人像兔子似的被猎取着,只要看见那个人一动就被枪击……"

直到今天,还有少数日本人昧着良心辩解:"南京大屠杀并不存在,一切都是正常的战争伤亡。"对此我们不愿再多言,因为所有的证据都明明白白地摆在那儿,摆在侵华日军南京大屠杀遇难同胞纪念馆里(图1.1.5—图1.1.6)。这样一次人类的浩劫绝不会被忘记。

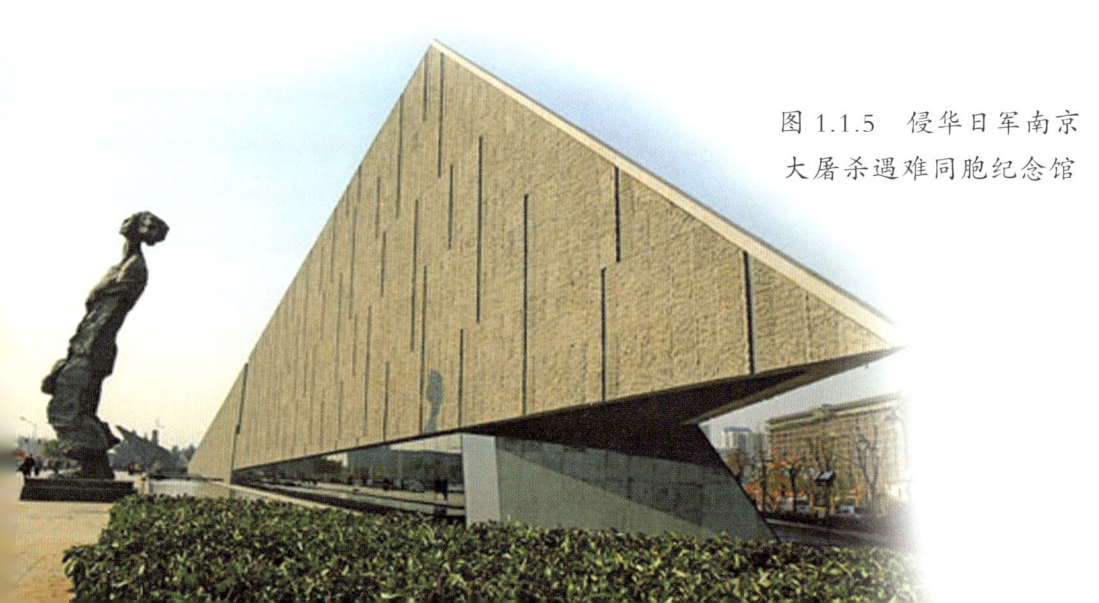

图1.1.5 侵华日军南京大屠杀遇难同胞纪念馆

图 1.1.6 遇难者纪念墙前哀悼的人

不能忘记的历史

青岛山铸铁瞭望塔

侵华德军从 1899 年开始,足足花了六年时间在青岛山修建了一座地下中心指挥部,几乎将整座山都掏空了。这个指挥部总面积约 2000 平方米,分为作战指挥、生活卫生和后勤保障三个区域,内部建有发电机房、锅炉房、水泵房、会议室、兵器室、机要室、官兵餐厅、卫生室、洗澡间、秘密逃生孔道等,几乎是一个自给自足的小社会。仅其内部所设的两个蓄水池,就可以保障2000余名官兵三个月的作战和生活用水(图1.2.1—图1.2.2)。

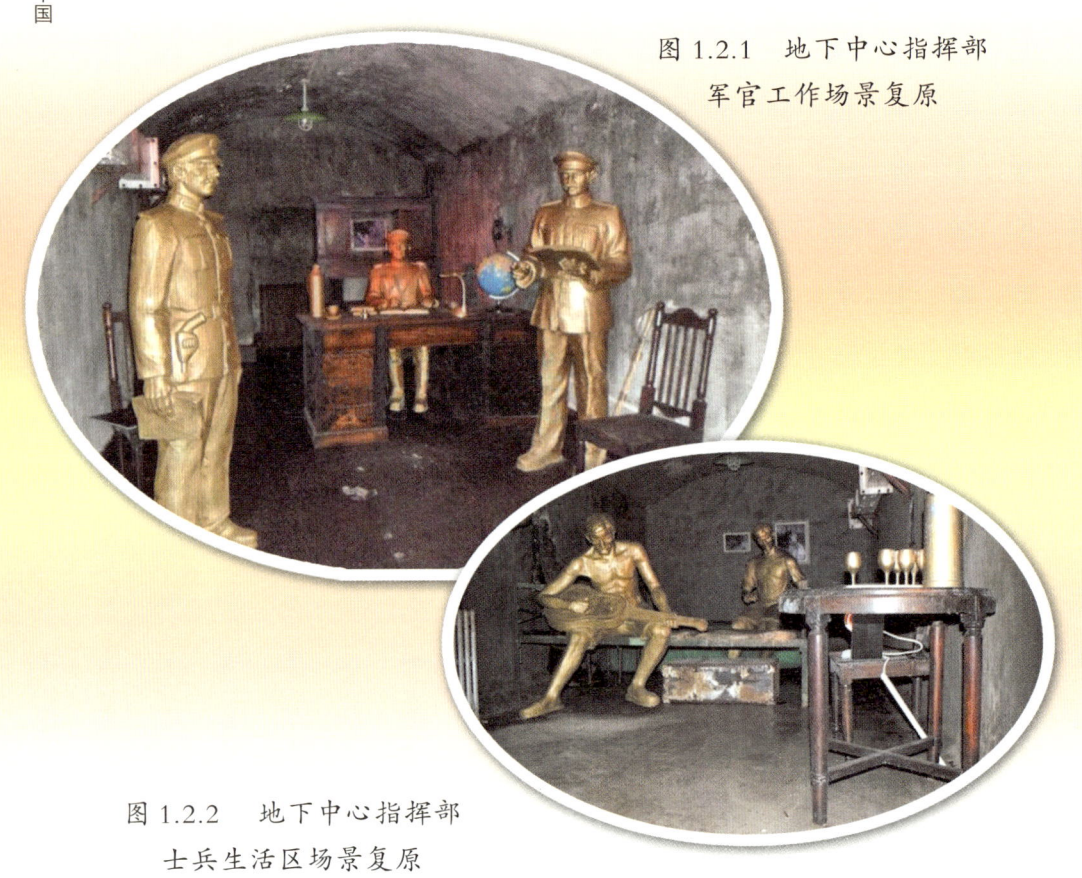

图 1.2.1　地下中心指挥部军官工作场景复原

图 1.2.2　地下中心指挥部士兵生活区场景复原

机关重重

地下中心指挥部的正门入口设有三道大铁门(图1.2.3),具有防弹、防毒、防水的功能。铁门门框较矮,这使得进入指挥

图 1.2.3　机关重重的大门

部的人必须一个个缓步前行，因为一旦奔跑，人就会撞到门框上摔倒，由此可见当时的设计者费了多少心机！

德军在青岛山的山顶设置了一座可以360度旋转的铸铁瞭望塔。这座铁塔自重6吨，连同框架重达100多吨。铁塔由4片厚20厘米的钢板通过螺丝铆合而成，可以抵御当时最强大炮火的攻击。下面由44枚直径5厘米的钢珠支撑，可做360度转动。塔内观察人员配合望远镜，可以将青岛山周边地区和前海一带的情况一览无余（图1.2.4—图1.2.5）。由于当时中国没有如此先进的铸铁技术，瞭望塔是在德国本土铸造而成，用船运到青岛之后在山顶进行拼装的。

图 1.2.4　铸铁瞭望塔地上部分

图 1.2.5 从瞭望塔内部通过观察孔向外看,周遭情形一览无余

1914 年 10 月 31 日,日军向德军发起总攻,战斗异常激烈。经此一战,德军地下中心指挥部仍能保存完整,其坚固程度可见一斑。11 月 7 日,日军攻占了德军的中央堡垒,德军的陆上防线全线崩溃,被迫投降。此后,日本取代德国,开始了对青岛的统治。

"一战"结束后,中国以战胜国的身份参加了 1919 年在法国召开的巴黎和会。会上,中国代表团提出收回德国侵占的山东半岛主权,而日本竟然要求把德国侵占的全部权益转让给日本,并

得到英、法、美等列强的支持。这遭到中国人民的强烈反对,从而成为五四运动的直接导火索。

至死不屈英雄志

1945年8月16日,旅顺日俄监狱管理者田子仁郎接到了一项任务:处死两名"至今无任何反省悔改表示"的中共党员。没有法庭,没有宣判,共产党员刘逢川、何汉清在旅顺日俄监狱的绞刑架下英勇就义(图1.2.6)。那年,刘逢川37岁,何汉清年仅24岁。

刘逢川原是张学良东北军骑兵第三师的一名军官。1938年被八路军俘虏后,他的人生发生了转折,从此走上革命道路。1942年,刘逢川与助手何汉清组成大连情报组,分头潜入大连,设立秘密电台,迅速开展情报工作。

刘逢川、何汉清在大连期间,传送了许多

图1.2.6 刘逢川、何汉清烈士就义处——旅顺日俄监狱绞刑室

宝贵的情报,内容涉及经济、军事等各个方面。1944年12月3日午夜,刚刚结束工作的何汉清正要关闭无线电发报机,忽然听见门外响起一阵刺耳的哨音,紧接着就是"咚咚咚"的砸门声。何汉清知道情况不妙,立即打开后窗准备撤离,可是已经来不及了,日本军警、特务已将何汉清的住所团团包围。原来,日军早已确定了秘密电台的位置,并提前布置了逮捕行动。同一天,刘逢川也遭日军逮捕。

1945年5月21日,日本在"量刑"意见报告中写道:"刘逢川、何汉清均系中共党员。他们断定,中国民族革命之完成……必须从中国领土上赶走日本帝国,进而消灭日本帝国,此外别无他途……而且,他们对自己的行为至今尚无任何反省悔改的表示。对待此等对我采取敌视活动的分子,按其情理则毫无减刑的余地,判处极刑则是最为适当的。"

1945年8月16日,就在日本宣布无条件投降的第二天,一辆小汽车将刘逢川、何汉清押送到旅顺日俄监狱绞刑室,凶残的敌人在当天下午两点左右将二人秘密杀害了。他们牺牲后,仅留下了刘逢川烈士的一首诗:

新旧年过在狱中,

艰苦常羡烈士风。

至死不屈英雄志,

革命旗帜旋鲜明。

哭僵的孩子

在侵华日军南京大屠杀遇难同胞纪念馆南侧,有一组名为《逃难》的主题雕塑(图1.2.7),这是著名雕塑家、中国艺术研

图1.2.7 《逃难》主题雕塑

究院中国雕塑院院长吴为山教授主持并设计创作的大型主题群雕。这组群雕记录了一个个家庭在大屠杀中的悲惨经历：有受难的知识分子夫妇临终前的挣扎；有年迈的老者捧着已经僵直的孙儿的尸体；也有僧人在逃难路上，用颤抖的双手合上死难者含冤的双眼……这一个个鲜活的形象，全都源于南京大屠杀的真实历史记录。

在这组群雕中，有一座尤其使人感到震撼：母亲倒在地上已经死去，怀中可怜的小男孩浑然不觉，还在吸吮母亲的乳汁。旁边，还有一个坐在地上大声号哭的孩子(图1.2.8)！这个孩子就是南京大屠杀幸存者之一——常志强。

图1.2.8 雕塑《哭僵的孩子》

1937年12月15日，是他人生中最黑暗的一天，年仅九岁的常志强眼睁睁看着自己一家六口人被日军残忍杀害。他的母亲被日军刺倒在血泊中，年仅两岁的幼弟也被日军用刺刀挑起,甩到死人堆里。日军离开后,常志强把身受重伤的幼弟抱到母亲身边。为了安慰因伤痛而哭泣的儿子,母亲挣扎着给孩子喂奶。常志强后来回忆道,看到母亲的伤口直往外冒血,我用手拼命地捂着。我说,妈妈,我给你捂着,捂着可能就好了。可是我弟弟他不懂,他要吃奶。我妈妈看着我,眼泪直往下掉,说不出话来,掉着掉着,我妈妈头一倒,倒过去。这时候我晓得我妈妈死了……两岁的幼弟也没能活下来,就这样死在了妈妈的怀里。

在侵华日军南京大屠杀遇难同胞纪念馆的最后一间展厅中,每隔12秒,会有一滴水从屋顶落下,一位遇难同胞的肖像在墙壁上闪现,瞬间又湮灭在黑暗之中。持续6个星期的南京大屠杀,30万同胞遇难,相当于每12秒就有一个中国人惨死在日军屠刀之下。请去听一听那敲击灵魂的水滴声吧,它在提醒我们,有些事情是绝对不可以忘记的。

多姿的博物馆
——以假乱真的复制品

在一般人的印象里,博物馆中陈列的展品即便不是珍品,至少也该是真品。可是,经常参观博物馆的朋友可能会注意到,有些展品的说明牌上会标明这件展品是"复制品"。

所谓"复制品"也就是为文物原件"克隆"出一位孪生兄弟来。标准较高的复制品,从原材料、制作方法到物品的体积、质量、色泽,乃至残毁程度都要与原件一模一样。也许大家会问,电视上的鉴宝节目里不总是说文物收藏要"去伪存真"吗,为什么作为文物收藏单位的博物馆还要制作复制品呢?

这是因为有些真品不适宜长期存放在展厅环境中,所以把复制品放在展柜中供大家参观,而真品则被放在温度、湿度、光照度都有严格标准的环境下好好收藏。而且,真品只有一件,但多家博物馆在举办同类展览的情况下,常有展出同一件文物的需要,这样只能给文物施个"分身术",制造它的复制品。此外,有些真品已经完全损毁或丢失,但仍可根据相关记录复原。为了带给参观者更直观的感受,可以使用复制品。

在我们前面提到的青岛山炮台遗址公园中,就有两件大型的复制品——两门大炮。一门是1891年清政府在青岛山布防时增设的"清军万斤九节连环大将军炮"铸铁复制品模型(图1.3.1),这是一种曾一度处于世

图1.3.1 清军万斤九节连环大将军炮

图 1.3.2　德国克虏伯大炮

界领先地位,但在当时已经落伍的前膛炮;另一门是德国人在青岛山建造的克虏伯大炮(图 1.3.2),这是一种当时非常先进的后膛钢铁大炮。

　　课本上常说,晚清政府深感西方列强船坚炮利。那么,西方列强的炮究竟比我们"利"多少?青岛山炮台遗址公园将这两门大炮复原后,二者之间的差距就显而易见了。难怪有的参观者戏称二者之间的对抗是"爷爷和孙子打架",清军的大炮自然"体力不支"了。

屈辱记忆

《海兰泡惨案》半景画
现藏博物馆：瑷珲历史陈列馆
地　　　址：黑龙江省黑河市爱辉区

身世揭秘：这幅半景画（图1.4.1）高19.1米、长68.6米，配以地面塑形、布景和声、光、电等多媒体效果，再现了1900年7月发生在黑龙江上的人间惨剧。

图1.4.1 《海兰泡惨案》半景画（局部）

1858年5月28日,清政府和沙皇俄国在瑷珲(今黑龙江省黑河市爱辉区)签订了《瑷珲条约》,这一不平等条约令中国失去了黑龙江以北、外兴安岭以南约60万平方公里的领土,是中国近代史上一次性割让领土最多的条约。海兰泡就是在这个条约中被划入俄国版图的,俄国人将它改名为布拉戈维申斯克(俄语意为"报喜城")。

到1900年,海兰泡约有居民4万人,其中中国侨民约1.5万人。1900年7月上旬,沙俄当局下令通知海兰泡的中国侨民,中俄两国要打仗,要把他们送过江去。7月15日下午,俄军突然封锁黑龙江,扣留全部船只,不准中国侨民过江。

7月16日,沙俄军队将数千名中国侨民像驱赶牲畜一样

强行赶到警察署,中国侨民的住宅和商店随即被洗劫一空,凡进行抵抗的人都被刺杀。第二天,约有三千名中国侨民被俄军押往黑龙江边。当时江面水流湍急,连一只船也没有。俄军强迫中国人泅渡,先下水的人立即沉溺,不敢下水的人便遭到俄军的射击和砍杀。当怀抱孩子的妇女把她们的孩子抛往岸上,乞求至少饶孩子一命时,惨无人道的俄军却逮住这些孩子,将他们残忍地杀害了。从7月16日至21日,俄军在海兰泡共进行了四次大屠杀,夺去了六七千名中国人的生命。

瑷珲历史陈列馆中最引人注目的展品《海兰泡惨案》半景画如实再现了中国人那段苦难的历史:被焚毁的房屋浓烟蔽日,被驱赶的人群惊慌失措,被屠戮的尸骸堆积如山……站在这幅半景画前,我们不禁要问,一个连自己的侨民都无力保护的政府还要它做什么?

> 小贴士:半景画这一概念脱胎于全景画。在一个巨大的建筑空间里,有一幅360度的巨幅圆筒形画面沿墙环绕,再配上立体声音效及特技灯光等表现手段,就可以创造出身临其境的现场感和超越时空的艺术氛围,比较适宜表现重大历史题材。半景画,简单地说就是全景画的一半,弧形画面通常呈150~180度展开。

石头碌碡(liù zhou)
现藏博物馆:潘家戴庄惨案纪念馆
地　　址:河北省滦南县

身世揭秘:1942年12月5日，日军以极其残忍的手段，血洗了河北省滦南县潘家戴庄。当天，日军命令全村男女老幼，以及在村外抓捕的过往群众1200余人，聚集在打谷场，逼迫村民供述八路军的情况。因为拒绝配合，恼羞成怒的日军当场以各种武器杀死村民50余名。接着，日军又迫使村民将打谷场边的深沟加深加宽。挖好后，日军将包括挖坑者在内的所有无辜村民驱赶进去，集体活埋。日军还在坑上堆上柴草，点火焚烧，并四下放火，搜寻躲避起来的村民，抓到后便推进火坑烧死。这就是骇人听闻的"千人坑"大惨案。这次屠杀共计杀死

群众1280人,烧毁房屋1030间,村内财物被洗劫一空。

如今,在潘家戴庄惨案纪念馆里实景陈列着"千人坑"遗址中发现的21具遗骸,其中成年人9具,未成年人12具。21位遇难者的尸骨上均有不同程度的伤痕,表明他们临死前受到了迫害。

纪念馆中还陈列着两件石头碌碡,这本是农民用来轧谷物、平场院的工具,可在日本人手中,它们却成了杀人工具。惨案期间,有19名婴儿被日军残忍地摔死在石头碌碡上!这两件见证日军暴行的石头碌碡(图1.4.2),其中一件在惨案发生后被幸存的村民保护起来,2000年移至馆内展出;另一件在1998年通过考古发掘出土后也被收藏至该馆。

图1.4.2 日军在石头碌碡上摔死婴儿的场景

七三一部队使用的骨锯
现藏博物馆：侵华日军第七三一部队罪证陈列馆
地　　　址：黑龙江省哈尔滨市

身世揭秘：这是一把外科手术时用来切割人骨的钢锯（图1.4.3）。在医生手中，它是治病救人的工具；在恶魔手中，它却成为残害无辜生命的凶器。

满洲第七三一部队，又名关东军防疫给水部，是侵华日军在黑龙江省哈尔滨市平房区设立的进行大规模细菌实验和细菌战准备的基地。

图1.4.3　七三一部队使用的骨锯

七三一部队用来做细菌实验的活体标本不是我们今天在实验室看到的青蛙、白鼠、兔子等动物，而是被日本人称为"马路大"（日语意为"原木"）的活生生的人！这些"马路大"多是中国军队的、苏联军队的、蒙古军队的俘虏。从1939年到1945年，仅在平房区就至少有3000名战俘，以及被俘虏的百姓成为七三一部队的实验品而惨遭杀害。除了将活人用于细菌实验外，七三一部队还进行了多达40余种的人体实验，如观测各种枪弹对人体穿透能力的实验、寻找打死人的最佳位置的实验、冻伤实验、烫伤实验、高难度外科手术实验等。

1945年8月，日本投降前夕，七三一部队残杀了所有准备用于实验的被关押者，销毁了一切设施与证据，逃回日本后解散。更令人气愤的是，当七三一部队的罪魁祸首石井四郎把七三一部队的情报资料数据全部提供给美国后，他和大多数七三一部队成员被免除了战争责任。他们回到日本后，有的开办药厂当上了大资本家，有的以学者面貌领导医学院校，还有的进入政府部门工作。七三一部队犯下的罪行天理难容，时至今日，中国人民乃至全世界爱好和平的人士仍未停止对七三一部队战争责任的追究行动。

第二章
血与火的开场

深夜激战的硝烟尚未散尽,武昌城中已满是臂缠白巾的起义士兵。1911年10月10日夜爆发的武昌起义,勇敢地打响了辛亥革命的"第一枪"。

中国革命史同时也是一部武装斗争史，任何一个重要革命阶段的开始都是以一场轰轰烈烈的战争作为序幕的。武昌起义推翻了封建帝制、建立了民主共和；南昌起义是中国共产党独立创建革命军队、领导革命战争的开始；七七事变的枪声揭开了全民族抗日战争的序幕……

昔日硝烟弥漫的战场，如今已建成一座又一座博物馆，用来纪念一批又一批首义之士的革命壮举。

博物馆探秘

首义之区　民国之门——辛亥革命武昌起义纪念馆

1911年(农历辛亥年)10月11日晨，深夜激战的硝烟尚未散尽，武昌城中已满是臂缠白巾的起义士兵。当天，在一幢红色西洋式两层楼房中，中华民国军政府鄂军都督府正式成立。10月10日夜爆发的武昌起义，勇敢地打响了辛亥革命的"第一枪"，并且获得全国响应。二百六十余年的清代统治在短短数月之间土崩瓦解，两千多年的封建帝制随之终结。武昌因此被誉为"首义之区"，而那幢作为军政府办公地点的红色楼房则被尊崇为"民国之门"（图2.1.1）。

图2.1.1 中华民国军政府鄂军都督府旧址，现为辛亥革命武昌起义纪念馆

首义之区，民国之门！

这幢红砖红瓦的西洋建筑俗称"红楼",原为清政府设立的湖北咨议局,于1910年(清宣统二年)建成,建造风格完全仿照近代西方国家的议会大厦。1961年,红楼经国务院公布为首批全国重点文物保护单位。1981年10月,依托红楼建立了辛亥革命武昌起义纪念馆,由国家名誉主席宋庆龄女士亲笔题写馆名。这座纪念馆记录了在孙中山先生民主革命思想影响下的革命志士缔造共和的艰难历程。

军旗升起的地方——南昌八一起义纪念馆

1924年建成的江西大旅社是一幢中西合璧的灰色四层大楼。外观以具有西洋风格的水泥浮雕装饰门窗,楼内却有一口宽大的天井,天井里放着四口防火用的大水缸。旅社有客房96间,附带茶楼、酒馆,是当年南昌城内首屈一指的豪华旅馆(图2.1.2)。

这就是军旗升起的地方!

图 2.1.2 江西大旅社旧址,现为南昌八一起义纪念馆的一部分

1927年7月下旬，贺龙率领的国民革命军第二十军进驻南昌后，其第一师将江西大旅社整个租下来，把师部设在这里。7月27日，周恩来到达南昌，在江西大旅社一楼喜庆礼堂宣告成立前敌委员会。此后，江西大旅社便成为南昌起义的总指挥部。

1957年，在江西大旅社旧址的基础上建成了南昌八一起义纪念馆，并由陈毅元帅题写馆名。走进纪念馆，我们看到的不仅仅是对南昌起义的生动记录，还包括中国人民解放军诞生、发展、壮大的辉煌历程。馆内采用场景复原式的陈列方式，营业部、账房、客房等均保持原貌（图 2.1.3）。1997年，中共中

图 2.1.3　馆内陈列均保持原貌

央原总书记江泽民为纪念馆题词"军旗升起的地方",这个称号南昌八一起义纪念馆当之无愧。

卢沟醒狮——中国人民抗日战争纪念馆

中国人民抗日战争纪念馆坐落于中华民族全面抗日战争的爆发地——北京卢沟桥畔的宛平城内。

1937年7月7日,驻扎在卢沟桥附近的日本军队借口演习时一名士兵失踪,要求进入宛平县城(位于卢沟桥东侧)搜

查。在遭到中国守军拒绝后,日军包围了宛平县城,向中国驻军发起进攻,并炮轰宛平县城(图2.1.4)。这就是震惊中外的"七七事变",又称卢沟桥事变,它是日本全面侵华战争开始的标志。

侵略暴行,永志不忘!

图2.1.4 日本侵略者在宛平南城墙上留下的累累弹痕,城墙下的石鼓上镌刻着日军的侵略暴行

七七事变拉响了中华民族全面抗战的警报,亡国灭种的民族危机唤醒了沉睡百年的中华民族(图2.1.5)。事变发生后,中国共产党两次发表宣言,呼吁:"全中国的同胞们,平津危急!华北危急!中华民族危急!"号召全

我象征着中华民族的觉醒!

图2.1.5 "卢沟醒狮"雕塑矗立在中国人民抗日战争纪念馆前的"抗战广场"中央

国放弃任何妥协,立即实行抗战。

  1987年,中国人民抗日战争纪念馆在宛平城内建成开馆,以"伟大胜利"为主题的基本陈列全面再现了中国人民浴血抗战的历史画卷。中国人民抗日战争纪念馆是全国唯一一家全面反映中国人民抗日战争历史的大型综合性专题纪念馆。

革命记忆

意外第一枪

  1911年10月9日,因叛徒出卖,武昌起义军事总指挥部被清政府破坏。10月10日,武昌宣布全城戒严。面对起义计划暴露以及革命党人先后被捕的严峻形势,湖北新军第八镇工程第八营总代表熊秉坤召

集各队代表开会,决定拼死一搏,率先在当晚发难(图 2.2.1—图 2.2.2)。

图 2.2.1 震惊中外的武昌起义

图 2.2.2 武昌起义浮雕

意外第一枪

当天晚上七点左右,排长陶启胜查夜时,看到士兵(革命党人)金兆龙正在擦步枪。陶启胜上前厉声问道:"你晚上武装齐备,手擦步枪为何?"金兆龙回答:"防备。"陶启胜大怒:"汝辈造反耶?"然后上前和金兆龙扭打。金兆龙情急大呼:"此时仍不动手,待等何时?"其他士兵立刻动手。陶启胜在扭打过程中头部负伤外逃,正遇闻声前来的熊秉坤,熊秉坤立刻开枪向他射击。军营顿时大乱。震惊中外的武昌起义,就这样在意外和仓促中爆发了。1914年孙中山先生出访日本时,曾指着随行的熊秉坤介绍道:"这就是武昌首义放第一枪的熊秉坤同志!"从此,熊秉坤得了个"熊一枪"的绰号。

时至今日,谁打响了武昌起义第一枪已不再重要,无法磨灭的是武昌起义将士们的丰功伟绩,而那支最早被起义将士扣响的枪支如今也难觅其踪。不过,这惊世骇俗的"第一枪"很有可能就是我们耳熟能详的"汉阳造"步枪(图2.2.3)。

"汉阳造"步枪由晚清时期洋务运动代表人物张之洞创办的汉阳兵工厂制造,故被称作"汉阳造"。这种步枪于1895年仿照当时世界最先进的德国步

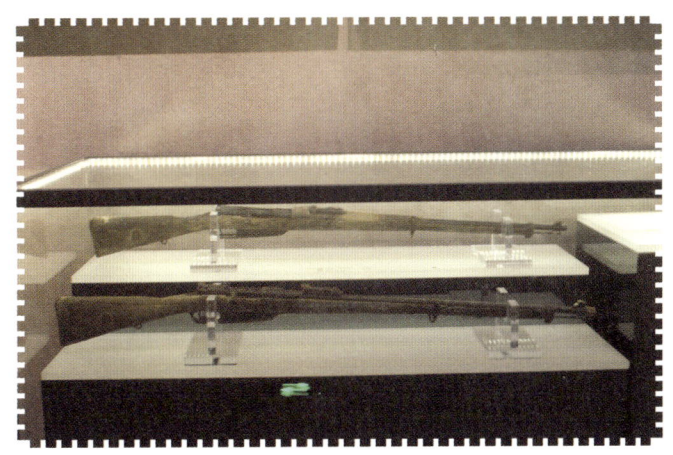

图 2.2.3　武昌起义将士们使用的"汉阳造"步枪
辛亥革命武昌起义纪念馆馆藏

枪生产。1907年,清政府陆军部通令各省一律向汉阳兵工厂采购枪械,因此打响武昌起义第一枪的很有可能就是一支"汉阳造"。

从1895年开始生产此型步枪起,一直到1944年停产,"汉阳造"步枪在中国前后经历了半个世纪,装备了无数中国武装力量,甚至在抗美援朝战争初期,还有志愿军战士使用"汉阳造"在朝鲜战场上拼杀。"汉阳造"步枪堪称中国战争史上的一个神话。

一支普通的"汉阳造"步枪,射出了一颗决定中国历史命运的子弹。这声划破了沉闷夜空的枪响,将会在历史的坐标上刻下永恒的印记。

朱德的手枪

在南昌八一起义纪念馆的展柜中,摆放着一支德国造7.63毫米口径的毛瑟警用型手枪,枪号为592032。这就是人们津津乐道的那把"朱德的手枪"(图2.2.4)。

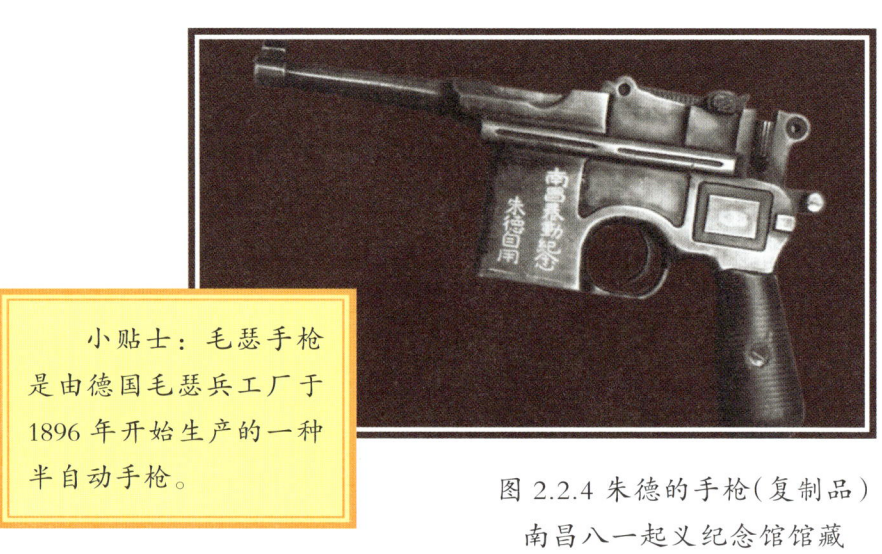

小贴士:毛瑟手枪是由德国毛瑟兵工厂于1896年开始生产的一种半自动手枪。

图 2.2.4 朱德的手枪(复制品)
南昌八一起义纪念馆馆藏

这把手枪看上去真是再平凡不过了。南昌起义胜利后,朱德在枪身上刻下"南昌暴动纪念 朱德自用"两行字作为纪念,使得这把枪从几十万把毛瑟手枪中脱颖而出,被誉为"中国革命第一枪"。

在南昌起义前夕,朱德接受了一项重要的任务,然而这项任务不是要他用那把手枪去跟敌人拼勇斗狠,而是要跟几位

"客人"喝酒斗牌。只不过朱德请的客人是敌第三军二十三团团长卢泽明、二十四团团长萧日文等人。请客的目的是在起义时将他们拖住,这样敌军无人指挥,胜利的把握更大。

1927年7月31日下午,朱德来到城西大士院街口的嘉宾楼,与他请的几位客人推杯换盏,一直吃到晚上9点多。接着朱德又提出请大家到不远处的大士院32号打麻将。大士院在城西,而敌二十三团、二十四团的驻地在城东,拖住这几个团长,敌人的这两支部队也就成了没头苍蝇。

就在牌局正酣的时候,外面的情势却发生了突然的变化。二十四团一名军官匆忙跑来报告说:"今晚有人要搞暴动,缴我们的枪!"

原来，因为叛徒告密，起义的消息被走漏了。听了军官的报告，刚才还喧闹不已的牌桌陷入一片死寂。朱德听后哈哈一笑，从容地说："现在这样的混乱时期，真是什么谣言都有！蜚短流长的话，大家不必在意，请接着打牌！"可是几个团长感到事关重大，执意要走。为了不引起敌人的猜疑，朱德没有强留。等客人散尽，朱德立刻来到江西大旅社，向起义总指挥贺龙通报了叛徒告密的情况，前敌委员会当即决定把起义时间由八月一日凌晨四时提前到凌晨二时。朱德看了一下手表说："我马上回教育团，把起义的人带出来！"

虽然朱德设宴拖住国民党团长的计划没有完全成功，但毕竟使敌军在一段时间内失去指挥，为起义军解除这两个团的武装创造了有利的条件。1961年，朱德来到南昌八一起义纪念馆。当纪念馆工作人员向他请教这段历史时，朱德微笑着说："有那么一回事。这也是当时前敌委员会起义作战计划的一部分。"

> 小贴士：前敌委员会是中国共产党中央委员会在革命战争时期，为组织领导某一地区武装起义或组织指挥重大战役而设立的党的高级领导机关。

大刀向鬼子们的头上砍去

照片中这位精神矍铄的老人名叫杨云峰(1907—2004),他曾是七七事变中打响抗战第一枪的国民革命军第二十九军的一员(图2.2.5)。他手中的大刀现在收藏在中国人民抗日战争纪念馆,成为记录二十九军浴血抗战历史的实证。

国民革命军第二十九军成立后长期驻扎在中国西北地区,装备较差,但官兵大多有武术基础,日常训练比较重视肉搏技术。结合这些特点,军长宋哲元提出了建立大刀队的设想,自造大刀,全军习武。负责训练的副军长佟麟阁,亲自到北平(今北京市)聘请具有民族气节的武术名家李尧臣担任武术教官。李尧臣深为二十九军抗日

图2.2.5 1995年抗日战争胜利50周年时,88岁的杨云峰老先生在宛平城头舞动着象征二十九军辉煌历史的大刀

救国的精神所感动,欣然前往。他结合自己的拿手技艺,为二十九军创编了一套"无极刀法"。这种刀法既可作刀劈,又可当剑刺。套路简单易学,实战性强。

1937年七七事变爆发后,二十九军官兵奋起反击。据当年7月12日《世界日报》报道:"日军二百余名……被宋部大刀队迎头痛击……被斩首者占三分之一。"日军伤亡惨重,二十九军大获全胜。

二十九军官兵的胜利捷报和大刀队可歌可泣的英雄事迹鼓舞了全国军民的抗日热情,当时年仅23岁的作曲家麦新奋笔疾书,编写了一首慷慨激昂的抗日歌曲——《大刀进行曲》。

这首威武雄壮的抗日歌曲至今仍为人传唱。

如今，这把追随杨云峰参加了无数次战斗的大刀静静地躺在展柜中(图 2.2.6)，刀身的锋芒依旧……

图 2.2.6　杨云峰使用过的大刀
中国人民抗日战争纪念馆馆藏

多姿的博物馆——主题雕塑

同学们，你们在参观博物馆的时候有没有注意到这样一个现象？在博物馆前的广场上，或博物馆一进门的序厅里，往往都会有一组或几组主题雕塑。这些雕塑大多是精心设计出来的艺术佳品,它们常常能够将参观者某一方面的情绪调动起来,使我们在参观后面的展览时满怀情感。

在南昌八一起义纪念馆院内,有一座中央军委为纪念中国人民解放军建军八十周年而赠送的雕塑。这件名为《八一南昌起义》的雕塑形体高大,为铜铸,通高5米,重达9吨(图2.3.1—图2.3.2)。为避免损坏,从北京起运时,雕塑被分成五个部分,到南昌后现场焊接而成。

雕塑设计了两组人物,共十二人。第一组人物由五名起义

图2.3.1 《八一南昌起义》雕塑正面

图2.3.2 《八一南昌起义》雕塑侧面

士兵组成,他们象征了起义的五个方面:第一个人是主角,他高举红旗,象征武装斗争;第二个人高举手枪,象征打响了武装反抗的第一枪;第三个人举着马灯,象征南昌起义是在凌晨举行,同时寓意南昌起义点燃了革命的火种;第四个人吹着号,寓意着吹响了革命的号角;第五个人拿着长枪,做一个招手的动作,号召后面的部队起义。在第一组群像后面还有七个人,象征着革命旗帜不断举起,革命队伍不断壮大。

在纪念馆陈列大楼的序厅正中,还有一座名叫《第一枪》的雕塑(图2.3.3)。

雕塑的底座是一片片虽然厚重但已崩裂的石块,其中一块上镌刻着"1927.8.1"的字样。崩裂的石块中间,一只有力的巨手紧握一支冲破地面、直刺青天的"汉阳造"步枪。它象征着中国共产党冲破白色恐怖的重重阻挠,在1927年

图 2.3.3 《第一枪》雕塑

8月1日南昌起义中打响了第一枪。步枪上方的穹顶绘有蓝天白云,雕塑的背景则是大家熟悉的八一军旗。它寓意着中国共产党在这里开辟了中国革命新天地,升起了人民军队的第一面军旗。

同学们,当你们来到南昌八一起义纪念馆参观时,一定要来仔细瞻仰这两座雕塑呀!深厚的寓意,恢宏的气势,亲临现场的你们一定会被它们打动。

革命档案

黄祯祥血衣
现藏博物馆: 辛亥革命武昌起义纪念馆
地　　址: 湖北省武汉市武昌区

身世揭秘: 这是一件毛呢面儿、缎子里儿的蓝色上衣。衣服的主人黄祯祥是四川雅安人,同盟会会员。1911年10月27日至28日,革命军与前来镇压辛亥革命的北洋清军在汉口刘家庙展开激烈战斗,黄祯祥当时担任革命军敢死队队长。战斗中,黄祯祥两次负伤,血染征衣。战后,黄祯祥在这件血衣上绣字以作纪念。左臂上绣的字是："九月初六日（1911年10月27日），敌人攻刘家庙,枪伤左肩之纪念。"右臂上绣的是："初七日（10月28日）与敌大战，枪炮三尊,敌炮如雨,打断右膀,今共和成立,以作纪念。"1980年,黄祯祥的长孙将这件血衣捐献给辛亥革命武昌起义纪念馆（图2.4.1）。

图2.4.1 黄祯祥血衣

莲花一支枪
现藏博物馆：莲花一枝枪纪念馆
地　　　址：江西省萍乡市莲花县

身世揭秘：1927年大革命失败后，白色恐怖笼罩莲花县城。反动地主武装疯狂镇压共产党人和革命群众。他们以维持地方治安为由,要农民自卫军交出枪支。莲花县委的少数领导以为可以换得和平,结果把农民自卫军的60支枪交出了59支,仅剩自卫军战士贺国庆手中这一支步枪（图2.4.2）。

当时,贺国庆听说要交枪,就趁着敌人不注意,携枪溜回了家。为了保存方便,他把枪拆成三部分,分别埋藏。后来他还

图 2.4.2　莲花一支枪

是觉得不安全,又把枪转移到湖南攸县石桥乡的一个薯窖中,自己则留在石桥,秘密照看这支枪。

为了得到这支步枪,敌人来到贺国庆家,将他父亲五花大绑,严刑拷问。老人宁死不肯说出贺国庆和枪支的下落。残暴的敌人将老人浇上煤油,活活烧死在桥头。

1928年春,毛泽东在井冈山建立根据地,指示各县迅速开展武装斗争和土地革命。莲花县委决定以贺国庆保存的一支枪为基础,成立"赤色队",开展武装对敌斗争。"终于等到了这一天!"贺国庆欣喜不已。他取出那支枪,迅速回到莲花县投入新的战斗中。

石头地雷
现藏博物馆：地雷战纪念馆
地　　　址：山东省海阳市

身世揭秘：1943年春，山东省海阳县人民武装委员会召开会议，向民兵传授了地雷作战的方法，并派发数颗铁制地雷。从此，海阳民兵开始认识地雷，并与地雷结下了不解之缘（图2.4.3）。

最初，民兵们使用的地雷都是军区统一下发的，数量太少。为解决这个问题，文山后村民兵于化虎（图2.4.4）等爆炸骨干聚集在一起，共同商讨研制地雷的问题。他们经过数次试验，终于研制出可以就地取材的石雷。石雷的石质坚硬，

外表不起眼，威力却很大！

图2.4.3　海阳民兵制作的石雷及制雷工具

图 2.4.4　于化虎雕塑

图 2.4.5　电影《地雷战》海报

杀伤力大。而且，石料在自然环境中能更好地伪装。

　　说起于化虎，不得不提到八一电影制片厂在 1962 年拍摄的一部电影——《地雷战》（图 2.4.5）。在这部电影中，担任赵家

庄民兵队长的赵虎正是
以荣获"全国民兵英雄"
称号的赵守福和于化虎为原型
塑造的。"赵虎"这个名字也是从赵守福和于化虎两个人的名
字中各取一字组成的。

　　在反扫荡的过程中，细心的于化虎发现，菜园的黄瓜成了
日军每次扫荡的"战利品"，而且他们吃黄瓜时一定会躲到树
荫处，还要把石头碌碡搬来坐着。于化虎灵机一动，找石匠在
石头碌碡上凿了个大空洞，里面装上炸药、导火索，制成一个
特大号的石雷。

　　一天，于化虎得知日伪军又要来扫荡，他提前把装了炸药
的石头碌碡放好。果不其然，日军一名军官刚想坐在上面吃黄

图 2.4.6 《操场巧埋大地雷，鬼子出操上西天》水粉画

瓜，这颗特大号石雷"轰隆"一声爆炸了。日本军官嘴里还含着刚咬下的黄瓜就飞上了天（图 2.4.6）。于化虎在远处看到后兴奋不已："这就对了，吃了咱老百姓的黄瓜，就应该有所表示！"

毛泽东在《论持久战》一文中写道："动员了全国的老百姓，就造成了陷敌于灭顶之灾的汪洋大海，造成了弥补武器等等缺陷的补救条件，造成了克服一切战争困难的前提。"参观了海阳地雷战纪念馆，相信大家对这段话的理解会更加深刻。

第三章
走向光明

这张长凳说不上精致,"华贵"一词更是与它无缘。它就像众多革命博物馆中千千万万件藏品一样,虽然看起来普普通通,背后却隐藏着一段或曲折离奇,或耐人寻味,或辉煌灿烂的历史。

没有共产党就没有新中国

没有共产党就没有新中国

共产党辛劳为民族

共产党他一心救中国

他指给了人民解放的道路

他领导中国走向光明

……

同学们,这首脍炙人口的革命歌曲你们都会唱吗?说起它的诞生,还有一段非常有趣的故事呢。1943年3月,蒋介石出版《中国之命运》一书,着力宣传他的"一个主义""一个政党"的主张:"中国国民党如能存在一天,则中国国家亦必能存在一天。如果今日的中国,没有中国国民党,那就是没有了中国。"同年8月,中国共产党在《解放日报》上针锋相对地发表题为《没有共产党就没有中国》的社论,对《中国之命运》进行强烈批判:"如果今日的中国,没有中国共产党,那就是没有了中国。如果中国共产党革命失败了,那亦就是整个中国国家的失败。"

中国共产党掷地有声的回应激发了一名年仅19岁的八路军战士曹火星的灵感,他把自己对党的热爱和在抗日根据地的切身感受,化作铿锵的旋律。坐在房山霞云岭乡堂上村老乡家的土炕上,曹火星借用当地流行的"霸王鞭"民歌形式,边写边唱,经过一天一夜的反复修改,最终创作了《没有共产党就没有中国》这首著名歌曲(图3.1.1)。后来,毛泽东为这首歌的

图3.1.1 曹火星创作《没有共产党就没有中国》的复原场景
曹火星纪念馆

题目加了个"新"字。从此,这首歌像长了翅膀,从乡村唱到城市,从晋察冀边区唱遍祖国大江南北,歌声至今回荡在中国大地上。

如今,建党之初的峥嵘岁月、烽火连天的战争年代,都已成为历史。但是,这段历史并未因时间的流逝而褪色。有这样一些以党史为展示内容的博物馆,它们用自己的藏品记录了中国共产党辉煌的历史,证明了为什么只有中国共产党才能救中国,为什么只有中国共产党才能领导中国。

博物馆探秘

革命声传画舫中——南湖革命纪念馆

1921年夏,浙江嘉兴,细雨霏霏。随着游人渐渐离去,南湖的湖面显得格外平静。一条常见的画舫停泊在烟雨楼东南方向一处僻静的水域。透过画舫的窗户可以看到,里面有十几位知识分子模样的人围坐在一起,他们的注意力完全不在窗外秀丽的湖景上,而是热烈地讨论着什么。有时,一人侃侃而谈,其他人默默颔首;有时,两人争论得面红耳赤……

下午5点多,天气转晴,一艘汽艇忽然向着画舫疾驰而来。舫中人急忙收起摊在桌面上的文件,摆出早已准备好的麻将牌,装出一副游湖的样子来。待到汽艇远去,大家才松了口气,继续开会(图3.1.2)。下午6点多钟,画舫中的会议结束了,与会者压抑着激动的心情,轻声呼喊着口号:"共产党万岁!第三国际万岁!共产主义万岁!"

嘉兴南湖画舫中举行的这次会议是中国近代革命史的一个重要转折点。这次会议就是中国共产党第一次全国代表大会。

1921年7月23日,各地共产党早期组织共派出12名代

图 3.1.2　油画《启航——中共一大会议》

表出席大会。会议最初在上海法租界一栋楼房中举行。如今,这里已成为中国共产党第一次全国代表大会会址纪念馆(图3.1.3)。

当时这栋楼的主人名叫李书城,他22岁便追随孙中山先生参与筹备同盟会,辛亥革命期间又参加了武昌起义。凭借李书城的威望和影响力,一大会址设在这里应该说是比较安全的。可是,由于参加一大的共产国际代表马林早已被作为"赤色分子"严密监视,所以到了7月30日晚,大会会场遭到了法租界巡捕房的搜查。第二天,安全撤离的代表们分两批乘火车前往浙江嘉兴,会议转移到嘉兴南湖的画舫中。最终,中国共产党第一次全国代表大会圆满落幕。

图 3.1.3　中国共产党第一次全国代表大会会址纪念馆

为了纪念中国共产党第一次全国代表大会这一重大的历史事件，1959年，南湖湖心岛上建立起一座南湖革命纪念馆（图3.1.4）。1991年七一前夕，一座中国共产党党徽造型的新纪念馆在南湖东岸拔地而起。按照一大代表当年乘坐的画舫复制的游船，如今就停靠在烟雨楼前的水面上，接受参观者的瞻仰，这就是闻名天下的南湖红船（图3.1.5）。

图3.1.4　南湖革命纪念馆序厅

图3.1.5　南湖红船

1964年,一大代表董必武视察南湖,在仔细察看红船后欣然题诗道:"革命声传画舫中,诞生共党庆工农。重来正值清明节,烟雨迷蒙访旧踪。"(图3.1.6)

图3.1.6 董必武题诗

梅园风范,万古长青
——中国共产党代表团梅园新村纪念馆

1946年5月,中国共产党代表团南京办事处100多人进驻南京市梅园新村17号、30号、35号,在周恩来同志的领导下同国民党进行和平谈判(图3.1.7)。谈判过程中,中共代表团为揭露国民党的内战阴谋,并尽可能推迟全国性内战爆发,竭力争取和平,与国民党反动派进行了针锋相对的斗争。

图3.1.7　中国共产党代表团梅园新村纪念馆的周恩来铜像

1946年6月26日,内战全面爆发。1947年3月7日,中共代表团撤离南京,董必武在机场向南京人民意味深长地告别道:"再见之期,当不在远。"

中共代表团在10个月的艰难谈判中,与国民党反动派进行了有理、有力、有节的斗争,推迟了内战全面爆发的时间。同时,坚持团结一切可以团结的力量,为推动国统区党的工作和爱国民主运动做出了卓越的贡献。为了纪念党史上这一重要篇章,1961年在中共代表团驻扎的梅园新村旧址初步建成"梅园新村中共代表团办公原址纪念馆",1977年正式定名为"中国共产党代表团梅园新村纪念馆",并对外开放。

新中国从这里走来——西柏坡纪念馆

1947年初,蒋介石命令胡宗南率领14万大军气势汹汹直扑延安,中共中央决定主动撤离延安。1947年3月29日,从延安撤离的中共中央在陕北清涧县枣林村召开了一次中央政治局常委扩大会议,会议决定由刘少奇、朱德、董必武组成中央工作委员会,前往晋西北或其他适当地点,进行中央委托的工作。

中央工委最终将这个"适当地点"选定在河北省石家庄市

平山县西柏坡村(图3.1.8)。据时任朱德同志秘书的潘开文回忆,选址时主要有四个方面的考虑:一是村子要集中,将来各机关人员住在一起便于工作;二是交通要便利,便于和各解放区进行联系;三是要安全,尽管西柏坡村子较小,但村后边有个小山可做防空洞,并且离周围其他村子都有一段距离,便于保密;四是住宿条件,西柏坡当时的许多房子都被鬼子烧了,但基础很好,便于建设。

1948年5月,中共中央和解放军总部开始自陕北转移到西柏坡。中共中央五大书记(毛泽东、朱德、刘少奇、周恩来、任弼时)(图3.1.9)在历时一年多的分别之后终于在此胜利会

图3.1.8 西柏坡纪念馆

图3.1.9 五大书记铜铸像

面。从此,西柏坡便成为当时中国革命的领导中心(图3.1.10)。1949年3月,中共中央和解放军总部离开西柏坡,进驻北平。

图 3.1.10 西柏坡纪念馆领导人群雕

后来,周恩来总理如此评价西柏坡:"西柏坡是毛主席和党中央进入北平、解放全中国的最后一个农村指挥所,指挥三大战役在此,开党的七届二中全会在此。"西柏坡以其独特的贡献,成为光耀中国史册的革命圣地!

1958年,因修建岗南水库,西柏坡中共中央旧址被搬迁到原址以北500米的地方复原重建。1978年,西柏坡纪念馆对外开放。此后,西柏坡石刻园(2011年扩建改名为西柏坡丰碑林)、西柏坡雕塑园、五大书记铜铸像、西柏坡青少年文明园、西柏坡廉政教育馆等相继建成。来此瞻仰的人们无不对西柏坡纪念馆的陈列主题——《新中国从这里走来》印象深刻,这是对西柏坡革命圣地的最高礼赞。

革命记忆

陈望道与《共产党宣言》

"有一个怪物,在欧洲徘徊着,这怪物就是共产主义。旧欧洲有权力的人都因为要驱除这怪物,加入了神圣同盟……"

这是马克思、恩格斯合著的《共产党宣言》的开篇。而最早将这本家喻户晓的经典译为中文的人名叫陈望道。南湖革命纪念馆中有一处陈望道翻译《共产党宣言》的复原场景(图3.2.1)。据工作人员介绍,为了制作这个场景,他们来到陈望道

图 3.2.1 陈望道翻译《共产党宣言》的复原场景

的家乡征集实物,"油灯、水桶、椅子、梯子等等,这些物品全是真家伙"。

首部汉译本《共产党宣言》的诞生

陈望道是浙江义乌人,1915年东渡日本,先后在东洋大学、早稻田大学、中央大学等校学习。留日期间,陈望道受日本著名进步学者、早期的社会主义者河上肇、山川均等人的熏陶启发,开始研究马克思主义学说。

1920年,陈望道应约开始将日文版《共产党宣言》翻译成中文。为了使翻译更加精确,他还从北京大学图书馆借来了《共产党宣言》的英文版,用来参考、相互对照。不久,陈望道回到他在浙江义乌的老家,开始了这项翻译工作。为了保密,陈望道把工作间设在矮小僻静的柴房里,里边放两条板凳,再搁上一块铺板当写字台。白天靠的是从窗口透进来的亮光,晚上

则封闭窗口,点上煤油灯继续工作。8月中旬,中文版《共产党宣言》1000册印制完成,正式出版。第一版1000册很快售罄,9月又加印1000册,但还是供不应求。

图3.2.2　60个版本的《共产党宣言》
南湖革命纪念馆馆藏

从此以后,《共产党宣言》被不断地再版、重译,教育了中国一代又一代马克思主义者。就在南湖革命纪念馆,陈列着60个版本的中译本《共产党宣言》。这60个版本的《共产党宣言》按时间顺序自上而下排列(图3.2.2)。位于顶端的是一部用蓝色的马克思半身肖像作为封面的《共产党宣言》,译者就是陈望道。

有意思的错误

值得一提的是,在相当长的一段时间内,中国学者都把这部蓝色封面的《共产党宣言》当成陈望道翻译的最初版本。1975年1月,陈望道在北京开会期间,应邀到北京图书馆参观。当时北京图书馆的工作人员拿出几种《共产党宣言》的早期版本,请他帮助鉴定并题字留念。陈望道在翻看了几种《共产党宣言》的早期版本后,指着封面为红色的马克思半身肖像的书说:"这才是《共产党宣言》最早的一个单行本,现在也可以说是革命文献了。"

图3.2.3 陈望道译《共产党宣言》初版本,书名被误排成《共党产宣言》 国家图书馆馆藏

有意思的是,由于排版的疏忽,初版的书名被印成了《共党产宣言》(图3.2.3)。这一失误在第二版中被更正,封面也由第一版的红色改为了蓝色。

1936年,毛泽东对美国记者埃德加·斯诺说:"有三本书特别深地铭刻在我的心中,建立起我对马克思主义的信仰,这三本书是:《共产党宣言》,陈望道译,这是用中文出版的第一本马克思主义的书……"周恩来也曾对陈望道说:"我们都是你教育出来的。"

一张"珍贵"的"法币"

在中国共产党代表团梅园新村纪念馆的藏品中有一张五百元面值的"法币"。所谓"法币",指的是当年国民政府发行的纸币。中国共产党代表团梅园新村纪念馆收藏的这张"法币"长 14 厘米,宽 7.4 厘米,在其面值右侧的空白位置,有一处周恩来同志的亲笔签名。这是怎么回事呢?

原来就在国共南京谈判期间,1946 年夏日的一个晚上,国民党空军飞行员林雨水等五人走进新街口的一家冷饮店。他们刚坐下,发现里间一张桌旁坐着周恩来和邓颖超。

这五位飞行员对共产党和平、民主的政治主张十分敬佩,早就想见见中共代表周恩来,不想在这里巧遇,他们十分高兴。于是他们推选了一位代表走到里间,对周恩来说:"我们久仰周先生大名,今天能见面万分荣幸。我们都是归国华侨,是回来参加抗战的,现在日本人已经投降,但是国民党又要打内战,我们都不愿意国人自相残杀。"周恩来客气地让座,说:"你们这些年轻人都很爱国,解放区也有许多像你们这样的青年人。希望你们有机会到解放区来看看……"

为了留个纪念,林雨水掏出一张 500 元"法币",请周恩来在上面签名。周恩来欣然应允,拿出钢笔签上"周恩来"三个字,并再次诚挚地说:"欢迎你们到我们解放区去!"(图 3.2.4)

图 3.2.4 周恩来签名的"法币"
中国共产党代表团梅园新村纪念馆馆藏

解放战争期间通货膨胀严重,"法币"的购买力持续下降。1946年,500元"法币"尚且能买5个鸡蛋,到了1947年就只能买5个煤球,而到了1948年,就只能买20粒大米。尽管如此,林雨水还是将这张珍贵的"法币"仔仔细细保存了下来。这张"法币"成为周恩来在国共南京谈判期间进行统一战线工作的重要见证。

一件"普通"的一级革命文物——长凳

西柏坡纪念馆自成立至今已收集革命文物 2000 余件,其中一、二、三级文物仅有 140 余件。让很多参观者感到惊讶的是,一张普通的木质长凳竟然被定为一级革命文物(图 3.2.5)。

> 虽然我看起来普通,却见证了一场具有革命里程碑意义的会议!

这张长凳实在说不上精致,"华贵"一词更是与它无缘。它就像众多革命博物馆中千千万万件藏品一样,虽然看起来普普通通,背后却隐藏着一段或曲折离奇,或耐人寻味,或辉煌灿烂的历史。

图 3.2.5　七届二中全会长凳
西柏坡纪念馆馆藏

> **小贴士**：文物藏品定级标准：根据文化部2001年第19号令规定，文物藏品分为珍贵文物和一般文物。珍贵文物又分为一、二、三级。具有特别重要历史、艺术、科学价值的代表性文物为一级文物，具有重要历史、艺术、科学价值的为二级文物，具有比较重要历史、艺术、科学价值的为三级文物。具有一定历史、艺术、科学价值的为一般文物。

"大伙房"里绘蓝图

在中国人民解放战争即将取得全国胜利的前夕，中国共产党为了确定组建新中国的有关事项，于1949年3月5日至13日，在西柏坡召开了第七届中央委员会第二次全体会议（简称"七届二中全会"）。会场位于西柏坡中共中央大院的西北角，这是一座普普通通的土坯房。走进光线昏暗的房间，抬头便可看到屋顶的两个小天窗。这里本来是中央机关自己盖的大伙房，被临时布置成了会场。会场主席台正面悬挂着鲜艳的中国共产党党旗和毛主席、朱总司令的画像，台下除了四张凑不成对的旧沙发外，就是一排排我们刚才看到的长凳（图3.2.6）。整个会场布置得朴素而庄严。

1949年3月5日下午3时，中央委员们陆续走进会场。当

> 想到参加七届二中全会的中央委员们在这里筹划新中国蓝图,心中崇敬之情油然而生!

图 3.2.6　七届二中全会会场内景
　　　　　西柏坡纪念馆

时出席会议的有中央委员 34 名,候补中央委员 19 名,列席人员 11 名,共计 64 人。代表们没有固定的位置,没有座位牌,先来的往前坐,后来的往后坐。开会时,还有人从自己的家里或办公室带个小凳子,开会时带来,散会后带走。整个会场坐得

第三章　走向光明

73

满满当当(图 3.2.7)。这次会议由毛泽东、刘少奇、周恩来、朱德、任弼时组成的主席团主持。这是中国共产党为建立新中国而召开的一次具有深远历史意义的会议。

据西柏坡纪念馆的工作人员介绍,1948年中国人民银行筹备处成立后,第一件事就是如何设计人民币。工作人员在设计票版时,出于对毛主席

图 3.2.7　七届二中全会听众席照片

的敬爱之情,想把毛泽东像作为主图绘制在人民币上。

当票版报请中央审查时,被毛泽东婉言谢绝了,他说:"我是党的主席,还不是中央人民政府主席,在人民币上印我的头像不合适。"后来经过研究,决定以反映解放区工农业生产建设图景作为第一套人民币票面图案的设计原型。

新中国成立后,已是中国人民银行行长的南汉宸当面请示毛泽东,他说:"毛主席,您现在已经是中央人民政府主席了,人民币上可以印主席像了吧!"毛泽东笑了笑,回答道:"中央人民政府主席是当上了,但当上了政府主席也不能印。在西柏坡七届二中全会上已做了决议,不以人名做地名,禁止歌功

颂德,防止滋生骄傲自大、以功臣自居的现象。因此,现在也不能印我的像。"

小贴士:我国迄今为止一共发行了五套人民币,在1999年发行第五套人民币时,人民币正面采用毛泽东主席的头像(图3.2.8)。毛泽东主席的头像非常醒目,非常亲切,了却了亿万人民崇敬开国领袖的心愿,有着极其深远的历史意义。

图3.2.8 第五套人民币中的毛主席头像

多姿的博物馆——网上展馆

根据最近的统计数据,我国总共有3000多家藏品丰富、内容各异的博物馆,分布在34个省级行政区内。对于博物馆的爱好者和参观者而言,想要把这么多家博物馆一一走遍,几乎是个不可能完成的任务。毛主席有这样两句诗:"坐地日行八万里,巡天遥看一千河。"那么,如何能够省下车票船票,免去旅途劳顿,足不出户地参观任何一家你想去的博物馆呢?

随着数字技术的进步及其在博物馆的应用,这个美好的设想正在成为现实。前面我们提到的南湖革命纪念馆有一个网址:www.nanhujng.com,大家不妨登录后看一下,在该网址的首页能否看到一个"网上展馆"的窗口呢?经过短暂的加载后,窗口里就会出现南湖革命纪念馆的建筑外景。用鼠标拖动一下试试?没错儿,你可以360度地环顾整个广场。滑动一下鼠标滚轴呢?景观被拉近了(图3.3.1)!

图 3.3.1　南湖革命纪念馆网上展馆

你一定已经注意到广场中央那一对黄色的足迹了,点击一下,就可以进入展厅了。操控鼠标在不同的展厅中徜徉,耳畔回响着雄壮的背景音乐,这种参观经历是不是很有趣呢?

网上展馆的清晰度如何呢?我们选择纪念馆中"虎门销烟"的复原场景来看一下,跟随镜头,展牌上的说明文字都清晰可辨(图 3.3.2—图 3.3.3)。

图 3.3.2 虎门销烟复原场景(近景)

图 3.3.3 虎门销烟复原场景(远景)

纪念馆中有一处南湖红船的复原场景（图 3.3.4）。透过窗口，我们可以看到采用全息投影技术播放的中共一大会议场景。参观者在网上展馆同样有了身临其境的体验。

图 3.3.4　南湖红船复原场景

革命档案

《刘胡兰》雕塑
现藏博物馆：中国国家博物馆
地　　　址：北京市东城区

身世揭秘："怕死不当共产党！"这句铁铮铮、响当当的话是一名年仅 15 岁的女孩面对血淋淋的铡刀，在牺牲前说的最后一句话，她就是刘胡兰（图3.4.1）。

刘胡兰，1932年出生在山西省文水县。1942年，她参加了抗日救国儿童团。此后，刘胡兰经常同小伙伴们一起站岗、放哨、掩护抗日干部，甚至冒着生命危险，跟随武工队到敌人的据点去散发传单，贴标语（图3.4.2）。13岁时，刘胡兰就担任了村妇女救国会秘书

生的伟大，死的光荣！

图 3.4.1 《刘胡兰》雕塑

图 3.4.2 刘胡兰在敌人据点张贴抗日标语

的职务。1946年6月,14岁的刘胡兰被接收为中国共产党预备党员。

1947年1月12日,阎锡山手下的匪军突然袭击村庄,刘胡兰被捕了。匪军为了震慑革命群众,从村里抬来三副铡刀,放在刘胡兰面前。面对敌人的铡刀,刘胡兰毫不畏惧、英勇就义。

1947年3月25日,任弼时向毛泽东主席详细汇报了刘胡兰英勇就义的经过,毛主席心情沉痛,当即挥笔写下"生的伟大,死的光荣"八个大字。随后,中共晋绥分局决定破格追认刘胡兰为中国共产党正式党员。在中国革命战争年代献身的英烈中,刘胡兰是唯一一位由毛泽东、邓小平、江泽民三代领导人题词的革命烈士。

《新华日报》印刷机
现藏博物馆：重庆红岩革命历史博物馆
地　　　址：重庆市

身世揭秘：重庆红岩革命历史博物馆的藏品中有一台装有德国西门子马达的平板印刷机（图 3.4.3）。虽然机器的部分零件磨损严重，通身也有些氧化锈蚀，但至今还能使用。这台"年

当年我可是在新闻事业这个看不见硝烟的"战场"上奋力拼杀的"主战武器"啊！

图 3.4.3　《新华日报》印刷机

逾七旬"的印刷机可是中国共产党新闻宣传事业的大功臣。

　　1937年，为了抵抗日本帝国主义的侵略，国共两党开始第二次合作。中国共产党与国民党当局商定，在南京公开发行中共党报《新华日报》。但是因为顽固派的阻挠以及日军的步步逼近，报社被迫迁至武汉。创刊伊始，想找一台印刷机都很困难。经过多方努力和进步人士的帮助，负责筹备工作的潘梓年终于在一家印刷厂购得了这台印刷机。1938年1月11日，《新华日报》在武汉正式出版发行，而承担首印任务的就是这台印刷机。1938年10月，武汉失守，新华日报社辗转迁往重庆，这台印刷机也随之撤至重庆西三街。1939年日本对重庆狂轰滥炸，印刷机又迁至化龙桥虎头岩下，在山岩的简易防空洞里继续工作了八个春秋。

　　全面内战爆发后，这台在国统区为中国共产党的新闻事业辛苦耕耘的印刷机"身陷囹圄"，被军警拖至重庆南岸的一个监狱，度过了长达两年的"铁窗生涯"。直到1949年11月30日重庆解放，在清查监狱时人们才发现了这台印刷机。

　　《新华日报》在国统区出版期间，被人民群众誉为"茫茫黑夜中的一座灯塔"，成为中国共产党推进抗日民族统一战线的有力工具和沟通外部世界的一个重要窗口。毛泽东高度赞扬《新华日报》，称其为八路军、新四军以外的"另一方面军"。如此说来，这台印刷机真应该算是这支"特种军队"的主战武器。

遵义会议会议室挂钟
现藏博物馆：遵义会议纪念馆
地　　　址：贵州省遵义市

藏品简介：1934年，受王明、博古、李德等人"左"倾教条主义影响，红军第五次反"围剿"失败，被迫放弃革命根据地，开始长征。1935年1月7日，红军攻克黔北重镇遵义，获得了一个暂时喘息、总结经验、调整策略的机会。

1935年1月15日至17日，中共中央在遵义召开了政治局扩大会议，会议的主要议题就是总结第五次反"围剿"的经验教训（图3.4.4）。

图3.4.4　油画《遵义会议》

毛泽东在会上着重批判了第五次反"围剿"和长征以来博古、李德在军事指挥上的错误以及博古在总结报告中为第五次反"围剿"失败辩护的错误观点。多数同志支持毛泽东的正确意见。至于李德,整个会议期间都很狼狈。大家是围着桌子坐,他一个人坐在会议室门口,就像个被告席上的受审者。

遵义会议前后共开了三次,因为中央政治局和军委白天要处理日常事务,会议一般是晚饭后开始,一直开到深夜。会议最终确定了毛泽东同志在中央的领导地位。

遵义会议在一个生死攸关的时刻挽救了党,挽救了红军,挽救了中国革命。如今,在遵义会议会议室的墙壁上挂着一座中西合璧的红色木质挂钟(图 3.4.5)。遵义会议期间,这座挂钟一直挂在那里,见证了这次中国革命由挫折走向胜利的伟大转折。

> 我见证了遵义会议的召开。

图 3.4.5　遵义会议会议室挂钟

第四章
伟人从这里走来

如今,那张刻着"早"字的硬木书桌依然陈列在三味书屋中,它已成为鲁迅少年读书生活的一个重要见证。

博物馆里的中国

中国有句古话,"三岁看少,七岁看老",说的是一个人小时候的行为预示了他长大以后的表现,或者说一个成年人性格的形成与他幼年时期的成长环境紧密相关。

在中国革命史上叱咤风云的伟人们,他们小时候是什么样子的?在家里听话吗?上学用功吗?喜欢玩什么样的游戏,看什么样的书?

革命类博物馆中有这样一类,它们是依托革命伟人的故

居兴建的。到这类博物馆参观时,我们不仅可以通过展厅中的遗物了解一位伟人的生平,更有趣的是,我们还可以在他蹒跚学步的庭院中徜徉,在他游泳纳凉的小溪边戏水,在他读书识字的课室中静坐沉思……这里的一草一木、一砖一瓦都蕴含着一段段与伟人有关的故事。

博物馆探秘

劈甘蔗的游戏——孙中山故居纪念馆

1919年,美国人包尔·林百克为了给孙中山先生写传记,曾经对他做过多次访谈。其间,孙中山饶有兴味地谈起他幼年时热衷的游戏,踢毽子、量棒、劈甘蔗……劈甘蔗是这样玩的:先把甘蔗扶着立在地上,手一松,趁它落地之前,用重刀猛力一劈,谁劈下的甘蔗最大,谁就算赢。林百克在听完孙中山对劈甘蔗游戏的说明后,开玩笑地说:"我知道你对于'劈甘蔗'一定是很在行的,因为你劈除晚清政府的方法实在不错,是吗?"孙中山笑了,林百克接着说:"对于晚清政府来说,这可不是一款蔗糖的游戏,而是一款醋的游戏,对不对?"说到这里,二人同时大笑起来。

> 小贴士：这句话的原文是：It was a game of vinegar and not sugar with the Manchus, wasn't it？"vinegar"在英文中有"醋"和"尖酸刻薄"两个义项，这个玩笑一语双关。

林百克的记录把我们的视线吸引到了广东省香山县（今中山市）一个叫翠亨村的地方。1866年11月12日，伟大的民主革命先驱、中华民国的创始人孙中山先生就是在这里出生的。此后的13年时间，这位林百克笔下喜欢劈甘蔗游戏的孩子一直生活在这里。

1956年，孙中山故居纪念馆在这里成立（图4.1.1—图4.1.2）。孙中山故居是一幢赭红色二层砖木结构楼房。1892年到1895年，孙中山经常在这里生活、行医和从事革命活动。1912年，他辞去中华民国临时大总统后回乡省亲，也在此处小住了三天。

这幢小楼是孙中山于1892年亲自设计和主持修建的。它改变了中国传统建筑坐北朝南，或坐西朝东的习惯，采用坐东向西的格局，在整个翠亨村独一无二。全楼四面都有窗户，空气流通，视野开阔。当时，有人说小楼门窗太多，破财、不吉利，学医的孙中山先生说："空气流通，精神愉快就是吉利！"

1979年，澳门副总督罗作坚来孙中山故居参观时钦佩地

图 4.1.1 孙中山故居

图 4.1.2 孙中山故居内部陈设

说:"孙中山先生是位聪明人,设计屋宇,不用安装冷气也很凉快!"

从百草园到三味书屋——绍兴鲁迅纪念馆

1881年9月25日,鲁迅出生在浙江绍兴一个周姓人家里。周家做官经商,人丁兴旺,是一个名门望族。鲁迅的祖父周福清出身翰林,做过知县,后来又到北京当了内阁中书。令人羡慕的家世,宽裕的经济条件,构成了鲁迅从出生到13岁这段无忧无虑的童年。

鲁迅幼年居住的这所大宅子又名周家新台门（图 4.1.3—图 4.1.4），是周家祖辈在清代嘉庆年间购地兴建的。整座屋宇是江南特有的深宅大院，坐北朝南，有房屋八十余间，连后园即"百草园"（图 4.1.5）在内共占地四千多平方米。现在我们看到的鲁迅故居中临街的两扇黑油油的石库台门，原本是周家新台门的边门，是鲁迅平时出入的地方。

到了清代光绪、宣统年间，整个周氏家族逐渐衰落。1919年，经族人共同商议，将整座新台门连同屋后的百草园一起卖

小贴士：台门，是绍兴对一些比较像样的房屋建筑群的称呼，多为士大夫阶层的住宅，一般以姓氏命名。

图 4.1.3 鲁迅故居
（周家新台门）

图 4.1.4 鲁迅故居内景

图 4.1.5　百草园

图 4.1.6　三味书屋

给了东邻的朱姓商户，也就是鲁迅笔下戏称的"朱文公的后人"了（图 4.1.6）。

　　房屋易主后，原建筑大部分被拆掉，但鲁迅家居住的地方主要部分有幸得以保存。1953 年，有关部门在鲁迅故居的基础上兴建了绍兴鲁迅纪念馆（图 4.1.7—图 4.1.8），它是新中国成立后浙江省最早建立的人物类纪念馆。2003 年

图 4.1.7　绍兴鲁迅纪念馆

图 4.1.8　馆内鲁迅先生坐像

初,为恢复鲁迅故里的传统风貌,与周围环境不协调的陈列厅被拆除,恢复为周家新台门。

如今的鲁迅故里,一条窄窄的青石板路两边,一溜粉墙黛瓦,竹丝台门,鲁迅故居、三味书屋、咸亨酒店穿插其间,一条小河从鲁迅故居门前流过,乌篷船在河上晃晃悠悠。鲁迅笔下的故乡被真真切切地还原出来了。

火车向着韶山跑——韶山毛泽东同志纪念馆

呜!
轰隆隆隆隆隆隆,
轰隆隆隆隆隆隆。
车轮飞,汽笛叫,
火车向着韶山跑。
穿过峻岭越过河,
迎着霞光千万道。
嗨!迎着霞光千万道!
……

这是1967年湖南韶山铁路贯通时,被广为传唱的一首歌——《火车向着韶山跑》。韶山是毛泽东的家乡,在韶山的基础设施还不完善的情况下,1967年到1975年,每年到韶山参观的人数都保持在200万人次以上。从歌中我们可以感受到当年全国人民涌向毛主席家乡的盛况和激动的心情。

1893年12月26日，毛泽东出生在湖南省湘潭县韶山冲上屋场的一座农舍中（图4.1.9）。这是他的祖父在1878年盖的，后来这里住着毛家和邹家两户人家。因为家境渐渐富足，毛泽东的父亲对住宅进行了扩建和整修，毛家住的这边换成了瓦顶，邹家的房顶仍然是茅草的，这种有趣的对比保存至今。毛家农舍前有稻田和池塘，后面是小山，山上长满苍松翠竹。这里几乎是少年毛泽东生活的全部天地，直到他16岁离开家乡去外地求学之前，毛泽东从未到过离家70里之外的地方。

图4.1.9　毛泽东故居

1964年10月1日,依托毛泽东故居兴建的韶山毛泽东同志纪念馆正式对外开放(图4.1.10—图4.1.12)。目前,纪念馆包括毛泽东生平馆、遗物馆、毛泽东广场、旧址群四部分。馆藏文物、文献、资料40000余件,其中毛泽东晚年生活遗物6000余件,是全国优秀爱国主义教育示范基地,国家一级博物馆。

图4.1.10　韶山毛泽东同志纪念馆

图4.1.11　纪念馆内毛泽东坐像

图4.1.12　纪念馆内复原的毛泽东办公室内部陈设

毛泽东故居的对外开放时间比起纪念馆的修建时间要早一些,这其中还有一段有趣的插曲呢。1950年,地方政府准备在上屋场和南岸之间的稻田里重建一套像样的房舍,代替毛泽东故居。眼看他们已经在备料、打地基,毛泽东知道了这件事,他亲笔写信给当时的湖南省委书记:"请令他们立即停止,以免在人民中引起不良影响,是为至要。"湖南省委当即制止新建工程,指示对故居就地保护、维修。1950年冬,湘潭县人民政府将征集到的家具、农具44件,革命文物6件,在故居内复原陈列,并在大门上挂了一块匾,用印刷体写上"中国人民的伟大领袖毛主席的家"。不久,这块匾又改写成"毛泽东同志故居"。上屋场故居就这样正式开放了。

革命记忆

铁船梁的启发

　　1879年,13岁的孙中山随母亲来到澳门,然后登上一艘2000吨级的英国轮船"格兰诺克"号远赴美国檀香山,与大哥孙眉团聚。而此前,孙中山还从未离开过自己的家乡。

　　多年以后,孙中山在回忆起自己这段旅程时说,比起他从

未见过的锅炉、蒸汽机,给他留下最深印象的竟然是轮船上的一个铁梁。这是一个贯连着船体两侧,使船身更加坚固的铁梁。"吾看起来,这是一桩很重大的事情。吾记得那时吾想,这么重的一个梁,要多少人才可以把它装配好!忽地想到那已发明这个大铁梁的天才,又发明了应用它的一个机械的用法。外国人所做的东西,我们中国人不能做。吾立刻觉得中国总有不对的地方了。"这次长达20多个昼夜的远航,使孙中山大开眼界,后来他在给朋友的一封信中这样追述自己当时的感受:"始见轮舟之奇,沧海之阔,自是有慕西学之心,穷天地之想。"

　　孙中山的"慕西学之心"很快得到了满足。1879年9月,哥哥孙眉送他进入了檀香山英国基督教监理会办的意奥兰尼学校学习。这所学校的教科书全是英文,算术是以英镑、先令、便士等英制单位计算,教材内容是西方的社会政治学说和自然科学知识。教师讲课更是全用英语,这使得对英文一窍不通的孙中山初入学时就像聋子一样。但是,孙中山仅花了10天工夫,仔细观察英汉两种语言在发音、构词方面的差异,发现学习英语的关键是掌握它的发音规律和构词方法。找对了方法,事半功倍,孙中山的英语水平很快就提高了。在学期间,除完成学校的课业外,孙中山浏览中外书籍,对有关美国独立战争的书籍,以及华盛顿、林肯等人的传记尤其感兴趣。少年时代的知识积累,为他以后政治思想、哲学思想的形成打下了基础。

1882年7月,孙中山完成了在意奥兰尼学校的学习。这个三年前连英文字母都不认识的少年,成绩却在全校数百名学生中名列前茅。毕业典礼上,当时的夏威夷国王亲自向孙中山颁奖,这件事在当地华侨中被传为美谈。

图 4.2.1 孙中山从檀香山带回的煤油灯

1883年,17岁的孙中山从檀香山启程回国,行李中有他从檀香山带回的两盏煤油灯(图4.2.1)。这两盏煤油灯在抗战前曾被运往澳门,抗战胜利后搬回,一直陈列在孙中山故居的客厅里。它们是孙中山在檀香山这段重要生活经历的见证。这个正处于成长期的少年,通过接受西方教育,开阔了胸怀和眼界,丰富了民主思想和科学知识,并且逐渐形成了"改良祖国、拯救同群"的宏大志向。

刻着"早"字的书桌

我们在小学语文课本上都读到过《从百草园到三味书屋》这篇课文。文中讲到的三味书屋(图4.2.2)就是鲁迅先生小时候读书的地方。课文中写到,鲁迅的父亲生了病,鲁迅一面上私塾读书,一面帮着母亲料理家务,几乎天天奔走于当铺和药铺之间。有一天早晨,鲁迅上学迟到了。教书认真的寿镜吾老先生严厉地对他说:"以后要早到!"鲁迅默默地回到座位上,就在那张旧书桌上刻了个"早"字,也把一个坚定的信念深深地刻在自己的心里。

如今,那张刻着"早"字的书桌陈列在三味书屋中,它已成

图 4.2.2　三味书屋

为鲁迅少年读书生活的一个重要见证(图4.2.3)。鲁迅出身于书香门第,从6岁起就开蒙读书,后来进入绍兴有名的三味书屋学习。塾师寿镜吾学问渊博、品行端正、性格耿直,一生厌恶功名,自考中秀才后便不再应试,终身以坐馆授徒为业。

图 4.2.3　鲁迅使用的课桌椅
绍兴鲁迅纪念馆馆藏

直到13岁之前,鲁迅的读书生活都是非常快乐的。他的祖父周福清在教育儿孙读书这件事上颇有创见。当时孩子启蒙,总是很早就读四书五经,但是,周福清让鲁迅先读历史,从《鉴略》开始,然后是《诗经》,再然后竟然是《西游记》,这些都是小孩子感兴趣的书。这就大大减轻了鲁迅对于读书的畏难情绪。鲁迅的父亲周伯宜是一个从不打孩子的父亲,这在那个年代非常难得。在读书方面,周伯宜同样比较宽容。有一次,鲁迅和弟弟周作人偷偷买回来一本《花经》,被周伯宜发现了。兄弟俩又害怕又绝望,因为这是一本闲书,一般人家都不允许小孩子看。"糟了,这下子肯定要被没收了!"谁料周伯宜拿来翻了几页,就一声不响地还给了他们。这使得兄弟俩喜出望外,从此以后便放心大胆地买闲书,再不用偷偷摸摸像做贼一样了。

少年鲁迅读过的闲书真不少,《山海经》《封神演义》《西游记》……不但读,还描描画画。鲁迅喜欢用薄薄的"荆川纸"将书中的绣像描画下来。这些闲书给少年鲁迅的想象力提供了驰骋的空间。

"濯足"与"修身"

毛泽东的父亲希望儿子有文化,这样可以帮助自己管管账、写写契约。所以,毛泽东8岁时就被送进了私塾,一直读到16岁,其间辍学两年,经过向父亲力争,才又读了一年。

1936年,毛泽东向美国记者埃德加·斯诺讲述自己少年时期的读书经历时谦虚地说道:"我8岁那年开始在本地一个小学读书……清早和晚上我在地里劳动。白天我读孔夫子的书,读四书五经,读了六年,背得,可是不懂。"虽然他不喜欢死记硬背地读古书,虽然他喜欢在课堂上偷看《水浒传》《三国演义》,但六年的私塾生活还是给他打下了非常深厚的国学功底。

据说有一天,塾师有事外出,要学生们自己背书。可等塾师回来一看,一群学生都在水塘边戏水呢!塾师气得板起面孔,把学生们叫回学馆,指着一双双沾满泥巴的脚丫子,出了个上联要学生们对:"濯(zhuó)足!"对得好,可以不用挨板子。

这个上联虽然只有两个字,却有些说道。"濯足"的典故出自"四书"里的《孟子》,原文大意是说,有一天孔子听到一个小孩儿在唱歌,歌词有这么两句:"沧浪之水清兮,可以濯吾缨;沧浪之水浊兮,可以濯吾足。"孔子就对他的弟子们说:"你们听到了吧?清水可以用来洗帽缨,浊水就只能用来洗脚。同样是水,或清或浊,差别如此之大,这都是水自身向清或向浊的结果。所以,一个人先是自己不尊重自己,别人才不尊重你。"

塾师出这个上联,一方面应景,另一方面是在用《孟子》中的这段话责备学生不知自爱。学生们有的对"梳头",有的对"刷牙",只考虑了字面工整不工整,谁也没往深里考虑。

轮到毛泽东时,他对的是"修身"。先生听后,不但怒气全消,而且拍案称绝。原来,"修身"二字出自"四书"里的《大学》。《大学》讲求平天下先要学会治国,治国先要学会齐家,齐家先要学会修身,所以"自天子以至于庶人,壹是皆以修身为本"。"修身"对"濯足",不但字面工整,意思也非常贴切。

如今,毛泽东小时候读过的四书五经只保存了两本,就是《论语》(图4.2.4)和《诗经》。这两本书可以说是"劫后余生"。

原来，毛泽东 1910 年秋离开韶山，此后他的父母相继去世，弟弟也离家外出，他留在家里的书都由帮他看家的亲戚用担子挑到祖居地东茅塘藏了起来。1927 年，毛泽东秋收起义后上了井冈山，受到反动当局的通缉，他的故居和一切家当都被没收。村民们胆战心惊，不得不把带有毛泽东名字和笔迹的书都带到山坳里，一把火烧掉，幸亏毛泽东的一位堂兄从中抢出了几本书，其中就包括这本《论语》。

这本书的封皮按照韶山乡间通行的保护办法，涂了桐油，所以呈现深棕色，封面上还签着毛泽东的字"咏芝"(后改为"润之")。

图 4.2.4　少年毛泽东读过的《论语》
韶山毛泽东同志纪念馆馆藏

毛泽东的学问最重要的一部分，正是中国传统文化，而他在这方面的兴趣和功底就是在6年私塾阶段初步形成的。同时，毛泽东对于中国传统文化历来持批判吸收的态度，讲究"古为今用"。所以，在领导中国革命和建设上，毛泽东才能以史为鉴，走出了一条新民主主义革命之路。

多姿的博物馆
——寻找伟人生命的轨迹

在参观伟人故居时你也许会发现一个有趣的现象，很多伟人的故居不止一处。例如，国内以纪念馆形式存在的毛泽东故居就有韶山毛泽东同志纪念馆、瑞金毛泽东故居、上海茂名路毛泽东旧居陈列馆等多处。这种现象倒也不难理解，伟人因为工作或生活的缘故，居所可能会发生迁移。出于对伟人的崇敬之情，大家自然非常珍视与伟人间的这段情缘。所以，各地的伟人故居自然会得到当地人民和政府的重视与保护。

如果在地图上把一位伟人在各处的故居按时间先后串联起来，我们可以画出一条贯穿其生命历程的轨迹。鲁迅，作为中国伟大的文学家、思想家、革命家，他一生为中国人民的思想解放事业竭尽心力，辗转流离，因此他居住的地方也不断变换。他一生居住的地方主要有四个：绍兴、北京、广州和上海。

从 1881 年出生,直到他 1912 年去北京教育部任职之前的这段时间,除去在外求学的几年,鲁迅主要居住在绍兴的新台门。1924 年到 1926 年,鲁迅居住在北京阜成门内宫门口二条 19 号,这座普通的小四合院是鲁迅 1924 年春天自己设计改建的(图 4.3.1)。鲁迅在院内挖了口苦水井,种上刺梅、丁香、碧桃等花木,使这座小小的北京四合院有了些南方庭园的景致。

1927 年 1 月,鲁迅来到广州就任中山大学教务主任兼文学系主任,并住进该校大钟楼。同年 3 月,鲁迅又从大钟楼迁居至白云路西段白云楼西侧的 26 号二楼。在广州期间,鲁迅

图 4.3.1　北京鲁迅故居

编订了《朝花夕拾》《野草》两部杂文集,并一口气创作了 30 多篇战斗性短文。9 月,他离开广州,前往上海进行另一场战斗,直至生命最后一息。有学者认为,相对于整个一生来说,鲁迅只在广州做了短暂的停留,然而他的革命思想却是在这儿成熟、夯实的(图 4.3.2)。

图 4.3.2　广州鲁迅纪念公园的瀑布广场

　　1927 年 10 月,鲁迅迁居上海,先住在虹口区横浜路景云里,1933 年 4 月搬至施高塔路大陆新村(现山阴路 132 弄)9 号,这是鲁迅在上海最后的寓所。如今,上海故居按照鲁迅生前居住时的情景进行了复原(图 4.3.3)。屋前的小花圃里种着桃树、紫荆、石榴等花木。一层前间是客厅,沿西墙放有书橱和瞿秋白留赠的书桌。二楼的前间是鲁迅的卧室兼书斋,一幅周海婴(鲁迅之子)出生16天的油画像挂在五斗橱的上端。窗边墙上的日历维持原状:民国25年(1936年)10月19日,镜台上的时钟指针停在凌晨5时25分,那是鲁迅逝世的日期和时间。

循着伟人生命的轨迹一路探寻,这未尝不是参观故居类博物馆的好办法。但有一点需要说明,革命伟人不是神坛上的偶像,所以,我们的缅怀之旅不同于宗教信徒的朝圣之路。面对伟人礼敬固然必要,但了解他们作为普通人的生活才是我们参观此类博物馆的目的。

图 4.3.3　上海鲁迅故居

革命档案

邓小平与邓绍圣的合影
现藏博物馆：邓小平故居陈列馆
地　址：四川省广安市广安区

身世揭秘：1920年9月，83名川东子弟登上轮船，启程赴法国留学，邓小平就是其中之一。经过39天的航行，轮船停靠在了法国马赛港。邓小平和他的叔叔邓绍圣等20多名学生被分配到法国西北部的巴耶中学读书。这张照片是1921年1月，他们在法国经济拮据时拍摄的（图4.4.1）。照片中，邓小平穿着一身压皱了的西装。1921年3月，邓小平结束了自己在法国5个月的学习生涯，开始靠打工养活自己。他先后

图4.4.1　1921年，邓小平与同在法国留学的叔叔邓绍圣的合影

在施耐德工厂当过轧钢工人,在香布朗工厂折过纸花,在哈金森橡胶工厂做过防雨鞋套。经济萧条时期,法国人都面临着失业的困扰,更不要说人生地不熟的中国留学生了。即便这样,邓小平还是凭借自己"勤工"攒下来的积蓄,在塞纳的夏狄戎中学又读了三个月的书。

在哈金森橡胶厂工作的时候,邓小平结识了一些具有进步思想的留学生。在与他们的交往中,邓小平开始阅读《新青年》一类的进步刊物,逐渐接受了革命思想。1921年,中国共产党成立。1922年,旅欧勤工俭学的部分学生组成了"旅欧中国少年共产党",后来改名为"旅欧中国共产主义青年团",邓小平也加入了这个组织。1923年6月,邓小平到巴黎专职从事共青团旅欧支部的工作,正式开始了他作为职业革命者的生涯(图4.4.2)。

图4.4.2　1924年中国社会主义青年团旅欧支部部分成员合影
前排左四为周恩来,后排右三为邓小平

> 少年时代雷锋的照片
> 现藏博物馆：湖南雷锋纪念馆
> 地　　址：湖南省长沙市望城区

身世揭秘：这是雷锋少年时代留下来的一张珍贵影像（图4.4.3），雪白的衬衣领子上系着代表无上荣誉的红领巾。谁能想到，照片中这位意气风发的少年却有着一段苦难的童年。

1940年，雷锋出生在湖南长沙望城县一个贫苦农民家中。雷锋的父亲、哥哥、弟弟因为贫穷和疾病相继过世。7岁那年，和他相依为命的母亲也悬梁自尽，从此雷锋成了孤儿。

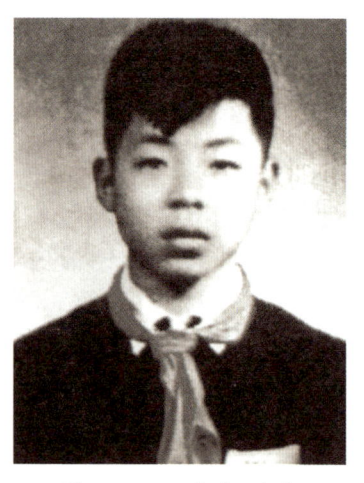

图4.4.3　少年时代雷锋的照片

1949年，雷锋的苦日子终于熬出了头，湖南解放了。分配土地时，按照政策，孤儿雷锋分得了土地以及两间半屋（图4.4.4）。

更让雷锋高兴的是，1950年他可以背着书包去上学了。开学第一天，雷锋看到好多小朋友交学费、书费，他也把乡亲们凑的几个钱拿出来交给老师。没想到,老师亲切地对他说:"你是孤儿,学校不收你的学费,你可以免费读书。"学校生活给雷锋带来了无限欢乐,他在学校里不但用功读书,而且还是文艺骨干,几乎所有文艺活动他都要登台表演。1954年,雷锋还加入了少先队(图4.4.5)。

图 4.4.4　湖南雷锋纪念馆

图 4.4.5　1955年参加少先队队日活动的雷锋(二排右一),雷锋当时是一名大鼓手

1956年夏,雷锋以优异的成绩从小学毕业。在毕业演讲中他真诚地说:"我决定留在农村广阔的天地里当一个新式农民。我决心做个好农民,争取架起拖拉机,耕耘祖国大地,建设社会主义新农村!将来,如果祖国需要,我就去做个好工人,为我国的社会主义工业化建设出把力!将来,如果祖国需要,我就参军做个好战士,用自己的鲜血和生命去保卫我们伟大的祖国!"这些话绝不是漂亮的口号,因为雷锋用自己的行动实践了他对祖国的誓言。

李大钊担任北京大学图书馆主任期间使用的藤椅
现藏博物馆:李大钊故居
地　　址:河北省乐亭县

身世揭秘:位于河北省乐亭县的李大钊故居是一座典型的冀东农村民居。李大钊幼年时期和结婚以后的一段时间,都是在这里度过的。如今,里面按原来的风貌陈设展出了桌椅、板凳、顶箱立柜、板柜等家具,同时陈列展出了李大钊赴广州时买的一对樟木书箱以及他在北京大学担任图书馆主任时使用过的一把藤椅(图4.4.6—图4.4.7)。

这把藤椅因年代久远,已经变成褐黄色,有些部位的藤条

图 4.4.6 李大钊担任北京大学图书馆主任期间使用的藤椅

图 4.4.7 李大钊故居

也断裂了,但它是纪念馆的一件镇馆之宝。

1918年1月,李大钊应北京大学校长蔡元培之聘,出任北大图书馆主任,这把藤椅就是那时购买的。五四运动前后,担任北大图书馆主任和北大教授的李大钊一方面撰写了大量宣传马克思主义的文章,一方面着力培养进步青年,传播革命火种。

李大钊对青年的关怀是无微不至的。对于家境贫寒的青年学生，李大钊经常给予大力的帮助。当时，一些生活拮据的青年经常收到"无名氏"寄来的汇款。后来大家才发现，这个"无名氏"正是李大钊先生。

1918年，25岁的毛泽东从湖南来到北京。李大钊安排毛泽东担任北大图书馆的助理员，解决了他的生计问题。因工作的便利，毛泽东不但能及时了解当时最新书刊的信息，而且获得了和李大钊讨论研究各种社会问题的机会。与此同时，毛泽东在李大钊的引导下在北京大学进一步学习，参加哲学会和新闻学会，旁听北京大学的课程。后来，毛泽东无限感慨地说："30年前我为了寻求救国救民的真理而奔波。还不错，吃了不少苦头，在北平遇到了一个大好人，就是李大钊同志。在他的帮助下，我才成了一个马列主义者。他是我真正的老师！"

1927年李大钊牺牲后，他的夫人赵纫兰女士将这把藤椅从北京运回了乐亭老家。如今，这把已有90多年历史的藤椅就像一位饱经沧桑的老人，静静地坐在那里，每天向前来参观的人们讲述着一位伟人对革命的赤诚，对青年的热爱……

第五章
鲜红的旗帜竖起来

这匹小青马鞍鞯齐备,马首高昂,尤其是那双眼睛,炯炯有神,好像还在等待主人一抖缰绳,便会奋蹄腾跃。

博物馆里的中国

　　1924 年至 1927 年间，中国共产党与国民党合作开展国民革命运动。到了 1927 年，国民党反动派叛变革命，运动失败了。1927 年南昌起义后，中国共产党有了自己领导的军队，但是因为没有自己实际控制的地区，革命部队只能不停地转移。

　　1927 年，毛泽东率领秋收起义部队到达井冈山，建立了井冈山革命根据地，走上了农村

包围城市的革命道路。此后在抗日战争、解放战争期间,中国共产党领导人民军队又建立了多块革命根据地。这些革命根据地成为中国共产党取得革命胜利的基础和保障。

革命根据地的群众基础是如何建立的?革命根据地的武装斗争是如何开展的?革命根据地的经济建设又是如何进行的?这些问题有些也许我们从历史课本中能找到答案,但还有一些可能在大家的意料之外。别着急,下面让我们到这类博物馆中一探究竟吧!

博物馆探秘

胜利的起点——井冈山革命博物馆

1927年10月,毛泽东率领秋收起义部队到达江西罗霄山脉中段的井冈山地区,开展游击战争。这里位于湖南酃(líng)县(今炎陵县)和江西宁冈、遂川、永新四县之交,离中心城市较远,交通不便,国民党统治力量薄弱。险要的地势、茂密的森林以及仅有的几条通往山里的狭窄小路,使这里成为一处"一夫当关,万夫莫开"的兵家必争之地。

经过共产党的团结、教育、改造,原本驻扎在井冈山地区的袁文才、王佐两支农民武装队伍也被编入工农革命军,壮大了革命力量。在毛泽东的领导下,宁冈、永新、茶陵、遂川等县恢复和建立了党组织。到了1928年2月底,包括宁冈全县、遂川西北部、永新、鄌县、茶陵等县部分地区的井冈山革命根据地初步建成。这是中国共产党走上以农村包围城市的正确革命道路的第一步。

1928年4月底,朱德、陈毅率领南昌起义保存下来的部队到达井冈山,和毛泽东领导的工农革命军胜利会师。5月,组成了以毛泽东为书记的中共湘赣边界特别委员会,接着还成立了湘赣边界苏维埃政府。

为了纪念井冈山革命根据地的光辉历史,1959年10月,井冈山革命博物馆建成,这是新中国第一家地方性革命史类博物馆(图5.1.1—图5.1.2)。

图5.1.1 井冈山革命博物馆主题雕塑《胜利的起点》

图5.1.2 井冈山革命博物馆

2007年10月27日,在井冈山革命根据地创建八十周年之际,井冈山革命博物馆新馆对外开放。如今的井冈山革命博物馆拥有馆藏文物30000多件,珍贵文献资料和历史图片20000余份,30处珍贵的革命旧址、旧居,其中包括"机关重重"的黄洋界红军哨口工事遗址、朱德挑粮上井冈的红军小路遗址等。

山丹丹开花红艳艳——延安革命纪念馆

一道道的山来一道道水

咱们中央红军到陕北

一杆杆红旗一杆杆枪

咱们的队伍势力壮

……

如今,延安宝塔山每天都有当地的农民为前来参观的游客演唱陕北民歌,《山丹丹开花红艳艳》是他们的保留曲目。这首陕北信天游风格的歌曲描述了红军长征胜利抵达陕北时,恰逢山丹丹花儿漫山开遍的美丽景象。

1935年10月,中央红军长征胜利到达陕北后,建立了陕甘宁革命根据地。1937年抗日战争全面爆发后,陕甘宁革命根据地改为陕甘宁边区,成立了边区政府。此后直到1947年,延安一直是陕甘宁边区首府和中共中央所在地。

延安革命纪念馆始建于1950年,是中国最早建立的革命纪念馆之一(图5.1.3—5.1.4)。纪念馆现藏文物3.5万余件,

历史照片5500多张。毛泽东长征时用过的手枪,转战陕北时骑乘的小青马(已制成标本)等藏品都是该馆的镇馆之宝。

图 5.1.3　延安革命纪念馆

图 5.1.4　馆内领导人群雕

革命记忆

三大纪律八个注意说明

井冈山革命博物馆的藏品中有一本质地为毛边纸的土黄色油印小册子,长方形,纸捻装订,字迹清晰,内容完整。封面中间题写书名——《三大纪律八个注意说明》(图5.2.1)。

这本小册子是中共永新县委在1932年编印的,是当年广大红军指战员学习"三大纪律八个注意"的辅导材料。

1927年9月,秋收起义爆发,起义队伍在毛泽东的领导下向井冈山转移。行军过程中,虽然部队已经改为工农革命军,打的是五角星加镰刀斧头的红旗,但部队的服装与旧军队没什么区别。旧军队给老百姓最深刻的印象就是抓夫、派差、打

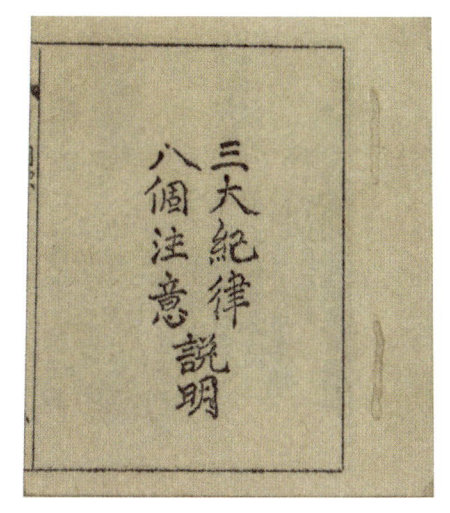

图5.2.1 《三大纪律八个注意说明》
井冈山革命博物馆馆藏

人、抢东西。所以,老百姓一见到当兵的就要跑。9月29日,毛泽东率领部队到达江西永新县三湾村。为了消除旧军队习气的影响,巩固党对于军队的领导权,毛泽东在到达三湾的当天晚上,就主持召开会议,决定对起义部队进行整顿和改编。

1927年10月中旬,经过三湾改编的一支部队到遂川县城时,突然遭到地主武装袭击,一时被冲散。战士们又累又饿,有的战士看见老乡种的红薯,不管三七二十一拿来就吃。还有少数战士行动散漫,不听命令,甚至乱拿群众的东西。针对这种情况,10月24日,当部队行进到江西荆竹山时,毛泽东站在路边的"雷打石"(图5.2.2)上正式向大家宣布了工农革命军的"三大纪律":第一,行动听指挥;第二,不拿群众一个红薯;第三,打土豪筹款子要归公。

图 5.2.2　江西省荆竹山"雷打石"
毛泽东站在这里第一次正式宣布了工农革命军的"三大纪律"

  1928年初，工农革命军主力在遂川城中过春节。在此期间，毛泽东又具体提出了"六个注意"：上门板，捆铺草，说话和气，买卖公平，借东西要还，损坏东西要赔。所谓"上门板""捆铺草"，是因为当时部队住宿时，常借用老百姓的门板做铺板，借用稻草做铺草。各家的门高矮大小不一，部队撤走时若不物归原主，一大堆门板就对不上榫，给老百姓平添了不少麻烦，所以特别提出了这两项规定。以后，毛泽东又把六个注意改为八个注意，添上了"不搜俘虏腰包"和"洗澡避女人"两项。

  此后，随着革命形势的发展，"三大纪律八个注意"的具体细节也在不断调整。1947年10月10日，毛泽东起草《中国人民解放军总部关于重新颁布三大纪律八项注意的训令》，对其内容做了统一规定。这就是我军现在执行并谱成歌曲传唱的《三大纪律八项注意》。

中华人民共和国成立初期,湖南省茶陵县档案馆工作人员从民间征集到这本题为《三大纪律八个注意说明》的小册子。1968年8月,茶陵县档案馆将其移交给井冈山革命博物馆收藏。如今,这本小册子已被确定为国家一级文物,它对研究我军早期的政治建设、作风建设、纪律建设具有重要的史料价值。

毛泽东的小青马

延安革命纪念馆中陈列着一件特殊的动物标本。这是一匹小青马,它首尾长1.87米,高1.32米,鞍鞯(jiān)齐备,马首高昂,尤其那对眼睛,炯炯有神,好像还在等待主人一抖缰绳,便会奋蹄腾跃(图5.2.3)。

这匹并不高大的马是毛泽东在延安时的坐骑。后来,毛泽东又骑着它转战陕北,取得了西北战场的伟大胜利。那时,延安的中共中央机关还没有汽车,毛泽东外出,全靠骑马或步行。为了给他物色一匹好马,中共中央西北局派人到"三边"(即定边、靖边、安边)一带选购马匹。最后选中了一匹小青马、一匹小红马。这两匹马都属川马良种,个头儿不大但力气大,灵活、速度快,跑起来波动小、平稳,性情又温驯老实。结果,小青马留给了毛泽东,小红马给了周恩来。

1947年初,国民党军队大举进攻延安。毛泽东领导下的中央军委决定主动撤离延安,用"一个延安换取全中国"。

图5.2.3　小青马标本
延安革命纪念馆馆藏

撤离延安后的西北野战军,按照中央军委和毛泽东确定的"蘑菇战术",依靠陕北优越的群众条件和有利地形,与比自己多达十倍的国民党军队在陕北高原周旋,不断地调动敌人,使其始终无法准确获知中共中央和人民解放军的位置,不得不往返奔波,疲于奔命,造成补给等方面的严重困难,士气一落千丈。人民解放军则选择有利时机和地形,一共歼灭国民党军队1.4万余人,奠定了粉碎国民党军队对陕北重点进攻的基础。1947年8月,西北野战军连续作战5个月,转战陕北战役结束,胜利粉碎敌人对陕甘宁解放区的重点进攻。

在转战陕北的过程中(图5.2.4),小青马始终陪伴着毛泽东。毛泽东对它十分爱惜,遇到难走的路就下马步行。一次,马掌掉了,毛主席宁愿徒步也不肯骑马,生怕把马蹄磨坏。小青

马似乎也知道体贴和保护主人。一次行军途中,小青马走到一处山崖下不再前行,警卫员拍了一下马屁股,小青马还是一动也不动。就在这时,敌机的轰鸣声由远而近,一架飞机掠过头顶向北飞去,由于山崖的掩护,敌机并未发现这一行人马。

1949年3月,党中央进驻北平后,小青马作为军功马被送到北京动物园精心饲养。一年年过去了,小青马毛色渐白,成了一匹"老白马",终于在1962年老死。小青马老死后,北京自然博物馆把它做成了标本。延安革命纪念馆派专人将小青马标本运回延安,作为国家一级文物展出。

图 5.2.4　毛泽东骑乘小青马
转战陕北时的照片

红色债券

1931年11月7日,中华苏维埃共和国临时中央政府在瑞金成立。苏维埃政权建立后,财政工作面临十分严峻的形势和挑战,首先是反"围剿"战争消耗了大量的人力、财力,国民党对苏区的经济封锁也造成了严重的物资匮乏。在这种情况下,苏维埃政府及中央财政部积极采取各种经济动员措施,多方筹集资金,保证革命战争的供给以及各项公共事业支出。其中一项重要的举措就是发行经济建设公债券。

1933年,苏维埃政府发行了300万元经济建设公债券。债券的购买方式很灵活,可以用现金购买,也可以用粮食、烟叶、

花生、大豆、土纸等农副产品折价换购。债券发行后，苏区广大人民群众踊跃认购。江西长冈乡总共完成了5000余元的公债销售，全都是村民在动员大会上主动认购的。虽然有些老百姓不太明白公债券究竟是怎么一回事，但是他们对红色政权无比信任，心甘情愿拿出家中的积蓄购买债券，并向消费合作社的干部表示："既然你们都说好，那就是真正好。我们砸锅卖铁，也不能落后！"

如今，瑞金中央革命根据地历史博物馆就藏有一套中华苏维埃共和国经济建设公债券（图5.2.5—图5.2.6）。

这套债券为纸质，单面印刷。面值分别为伍圆、叁圆、贰圆、壹圆、伍角。债券上半部分是主券，下半部分印了上四、下三总共七个长方格，是副券。

伍圆券图案和文字呈绿色，主券正中图案为农民喜获丰收的场面；叁圆券图案和文字呈蓝色，主券正中图

图 5.2.5　中华苏维埃共和国
经济建设公债券伍圆券
中央革命根据地历史博物馆馆藏

案是群众正在悬挂"谷仓合作社"的横幅；贰圆券图案和文字呈深黑色，主券正中图案为群众争相认购债券的情景；壹圆券图案和文字呈暗红色，主券正中图案是中华苏维埃贸易局所在地；伍角券图案和文字呈黑色，主券正中图案为苏区人民踊跃交售公粮的场景。

图 5.2.6　中华苏维埃共和国
经济建设公债券贰圆券
中央革命根据地历史博物馆馆藏

每张主券的中间都盖有一枚醒目的红色大圆印章，印章的中心是中华苏维埃共和国国徽图案，四周环以"中华苏维埃共和国临时中央政府·财政人民委员部"的文字，印章下端右侧印着一行小字：主席毛泽东，左侧分两行印着"国民经济人民委员林伯渠""财政人民委员邓子恢"，三人名字后面各盖有红色方形姓名小印章。副券上的七个小方格就是七枚计息票，自下而上、自右而左，按兑付年限排列，每年可兑付一张。

第五次反"围剿"失败后，中央红军被迫退出苏区，开始长征。因此,经济建设公债券未能如期付息收兑。新中国成立后,国家对过去中央苏区和其他革命根据地发行的纸币、债券、股票一律收兑并合理计息,履行了对人民的承诺。

多姿的博物馆——遗址和旧居

革命根据地保存的革命遗址、旧居数量较多,它们往往由同一主题的革命博物馆负责管理。所以,革命遗址、旧居就成为展厅之外的"博物馆"了。如果说参观者在展厅中面对一件件革命文物,体会的是"睹物思人"的感觉,那么革命遗址、旧居带给参观者的,就是一种身临其境的"穿越"体验了。

试想一下,在一位革命伟人的故居中临窗远眺,你看到的风景是否与伟人当年看到的一样呢?唯一的区别,也许仅仅是院中老树的枝叶又茂密了一些……

星星之火,可以燎原——

井冈山革命博物馆负责管理的革命遗址、旧居有 30 处。在"保持原状"的原则下,博物馆方面对这些遗址、旧居进行常态性地维修和严格地管理,并常年对外开放,使之成为井冈山革命博物馆展示系统的有机组成部分。位于茅坪八角楼的毛泽东同志故居就是其中一处革命旧居。

在茅坪村谢氏慎公祠的后面,有一栋土砖结构的两层楼房,楼上有一个八角形天窗,当地群众称之为八角楼。井冈山斗争时期,毛泽东与妻子贺子珍在这里共同生活、工作,同井冈山军民一起度过了一段艰难的岁月(图5.3.1)。

图5.3.1　茅坪八角楼毛泽东同志故居
　　　　井冈山革命博物馆

当时,由于敌军对井冈山实行严密的经济封锁,红军的军需给养非常困难,部队对晚上点灯用油有一个规定:各级机关晚上办公时,只能用一盏油灯,油灯上可以点三根灯芯;连部晚上值班,可以留一盏油灯,但只准点一根灯芯。

按照这个规定,毛泽东晚上办公时用的油灯可以点三根灯芯，但他为了节省用油，每天晚上办公只点一根灯芯照明。

就在这微弱的灯光下，毛泽东同志起草了《井冈山的斗争》这篇重要著作。在这篇著作中，他总结了井冈山斗争的经验，阐明了"工农武装割据"的光辉思想，指明了中国革命的前途(图 5.3.2)。

图 5.3.2 以油灯为原型的主题
雕塑《星星之火，可以燎原》
井冈山革命博物馆

吃水不忘挖井人

地处江西瑞金的中央革命根据地历史博物馆管理着叶坪、沙洲坝、云石山、中革军委四处革命旧址群。

位于沙洲坝的"红井"也是一处驰名中外的革命遗址。1933年4月,临时中央政府从叶坪迁来沙洲坝,毛泽东发现这里的群众喝的是池塘里的脏水,便把解决群众饮水难的问题挂在心上。

9月的一天早上,毛主席带着警卫员小吴拿着锄头、铁锹来到池塘边找水源,毛主席领头挖井的事很快传遍了沙洲坝。群众纷纷来到了挖井现场,在主席的带领下,没几天工夫,一口直径85厘米,深约5米的水井便挖好了。为了使井水更清澈,毛主席又亲自下井底铺沙石、垫木炭。

毛主席用实际行动,为机关干部和沙洲坝群众树立了榜样,中央各机关掀起了开挖水井的热潮。从此,沙洲坝人民结束了饮用脏塘水的历史,喝上了清澈甘甜的井水(图5.3.3)。

1950年,沙洲坝人民为了迎接毛主席派来的慰问团的到来,将主席带领军民开挖的这口水井进行了全面整修,取名为"红井"。

如今,井旁竖起一块纪念石碑,上面刻着"吃水不忘挖井人,时刻想念毛主席"14个大字(图5.3.4)。

由于革命遗址、旧居的分散性、不可移动性等特征,我们无法将它们全部纳入博物馆的展厅里集中展示。不过,比起博

物馆中规划整齐的参观线路，一条盘桓在竹林中的红军小路是否更有趣？比起展厅中精心设计的灯光效果，从八角形天窗透进来的日光是否更自然？革命遗址、旧居为我们在参观博物馆时了解到的革命故事提供了真实的生活图景。

图 5.3.3　沙洲坝"红井"
中央革命根据地历史博物馆

图 5.3.4　纪念碑

革命档案

"国家银行"玉印
现藏博物馆：中央革命根据地历史博物馆
地　　址：江西省瑞金市

身世揭秘：瑞金中央革命根据地历史博物馆内，有一枚晶莹剔透的玉质印章，在柔光的映照下，散发着历史的光辉。这就是中华苏维埃共和国"国家银行"玉印（图5.4.1）。整枚印章通高6.3厘米，宽

图5.4.1　"国家银行"玉印

2.4厘米，印钮以圆雕形式塑造了一尊头戴僧帽、腾云驾雾的佛像，印面阳刻隶书"国家银行"四个字。

中华苏维埃共和国国家银行是面对敌人的经济封锁，红色政权为了繁荣根据地的经济、保障战争物资的供应、改善工农群众的生活而成立的，行长是毛泽东的弟弟毛泽民。为了更好地行使国家银行职权，毛泽民首先决定刻一枚国家银行行政印章，时任财政人民委员部部长的邓子恢帮他从财政部物资仓库中找到一件方形玉器，请当地印章雕刻师傅根据玉器外形雕刻了此章。

在中央苏区缺少资金、经验，物资技术匮乏以及面对国民党反动派经济封锁的恶劣环境中，国家银行在毛泽民的领导下，白手起家，进行开拓性金融工作，在中央苏区各省县建立了银行机构，并做到了统一货币、统一财政收支，逐步建立了一整套业务制度和金融体系，极大地活跃了中央苏区的经济，有力地支持了革命战争，并改善了群众的生活。后来，此枚印章被一位村民拾到，一直妥善保存。1953年，他把珍藏多年的中华苏维埃共和国国家银行玉印捐赠给中央革命根据地历史博物馆。

"列宁"号飞机
现藏博物馆：鄂豫皖苏区首府
　　　　　革命博物馆
地　　址：河南省新县

身世揭秘：1930年3月16日，国民党空军飞行员龙文光（图5.4.2）驾驶一架美制"柯塞式"侦查轻型轰炸机，由汉口飞往河南开封执行通信联络任务。返航途中，飞机遇大雾迷航，油料耗尽，迫降在河南罗山县宣化店（今属湖北大悟县），被红军俘获。飞行员龙文光经教育后参加了红军，成为中国工农红军第一位飞行员。之后飞机被转移到鄂豫皖苏区首府所在地新集，也就

图5.4.2　龙文光

是今天的河南新县。红军战士们将这架飞机重新喷漆，绘上红五星，并命名为"列宁"号。"列宁"号飞机是中国人民解放军空军建军史上第一架军用飞机，在反"围剿"斗争中立下了汗马功劳（图 5.4.3）。

1931 年 12 月，在红四方面军围攻湖北黄安的战斗中，龙文光在"列宁"号飞机上装上炸弹架，没有炸弹，就将迫击炮弹捆绑起来挂在飞机上当炸弹，轰炸了敌军

图 5.4.3　"列宁"号飞机（复制品）

指挥所及守卫部队。黄安守军遭到飞机轰炸，军心动摇，士气低落，师长赵冠英惊慌中率部弃城而逃。红军乘胜追击，生俘赵冠英及其部队 5000 余人，解放了黄安城。

1932 年 6 月，蒋介石集结 30 余万军队，对鄂豫皖苏区发动第四次大规模"围剿"，红四方面军不得不放弃根据地向西转移。"列宁"号飞机无法转移，只能将其拆散分别埋在大别山的一个山冈上。由于叛徒告密，龙文光也于 1932 年在武汉被国民党当局逮捕，翌年惨遭杀害。

如今，陈列在鄂豫皖苏区首府革命博物馆及北京航空博物馆的"列宁"号飞机均为复制品。真机的下落有两种说法：有

人认为敌人占领新县后把飞机挖出毁掉了,也有人认为真正的"列宁"号还埋在新县的大山中,等待着人们去搜寻。

> 八路军总部黄崖洞兵工厂制造
> 的独角牛手枪
> 现藏博物馆:中国国家博物馆
> 地　　址:北京市东城区

身世揭秘:这把手枪全长29.2厘米、高12厘米、厚3厘米,枪号966。其原型本是民间造枪匠设计的一款土制手枪,因为击锤末端形似牛角,所以还有个"独角牛"的绰号(图5.4.4)。独角牛手枪每次只能装填一发子弹,枪管内多数没有膛线,因为是滑膛枪,所以射击距离也很有限。

不过,因为独角牛手枪对制造条件的要求很低,非常适应中国当时特殊的环境,所以它始终伴随着中国革命斗争的历程。国家博物馆馆藏的这支独角牛手枪是在抗日战争时期,由八路军设在晋冀豫抗日根据地的黄崖洞兵工厂制造的。

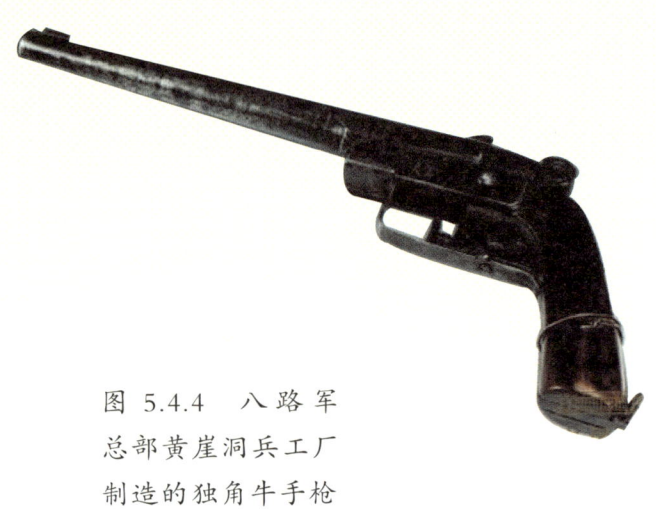

图 5.4.4　八路军总部黄崖洞兵工厂制造的独角牛手枪

黄崖洞兵工厂的厂区四周被群山紧紧怀抱,与外界只有两条羊肠小道相通。一条沿西北方向翻越山顶可与八路军总部机关所在地相连;另一条沿山谷而下,其间需要经过一段狭长山涧,宽仅丈许,抬头仰望,青天一线。黄崖洞洞口高居险峻,洞体宽阔,所以被兵工厂设置成弹药库。每逢放置弹药的时候,工人们先要沿山径攀至崖下,然后通过系在洞口的山核桃树上的绳索,把弹药吊运上去(图 5.4.5)。

黄崖洞兵工厂在物资匮乏、日军扫荡频繁的恶劣环境下,始终坚持生产。工厂建成投产时,共有机器设备 40 余台,工人

图 5.4.5　位于峭壁上的黄崖洞洞口

700多人,生产能力最高时,日产七九式步枪430多支、掷弹筒200多门。为了满足部队的急需,兵工厂先后设计制造出近10种武器,如7.9毫米口径步枪、五零炮和五零炮弹等。白天,厂区里机器轰鸣,运货的工人川流不息;晚上,山谷里灯火通明,仍然呈现出一派热火朝天的景象。职工们自豪地称兵工厂是"太行山上的小天津"。黄崖洞兵工厂在八年抗战中,不仅为我军的武器研制和生产做出了重要贡献,而且培养造就了一批工业技术管理人才,对促进华北地区工业的发展,起到了重要作用(图 5.4.6)。

图 5.4.6　黄崖洞兵工厂厂房复原场景

博物馆参观礼仪小贴士

同学们，你们好，我是博乐乐，别看年纪和你们差不多，我可是个资深的博物馆爱好者。博物馆真是个神奇的地方，里面的藏品历经千百年时光流转，用斑驳的印记讲述过去的故事，多么不可思议！我想带领你们走进每一家博物馆，去发现藏品中承载的珍贵记忆。

走进博物馆时，随身所带的不仅仅要有发现奇妙的双眼、感受魅力的内心，更要有一份对历史、文化、艺术以及对他人的尊重，而这份尊重的体现便是遵守博物馆参观的礼仪。

1. 进入博物馆的展厅前，请先仔细阅读参观的规则、标志和提醒，看看博物馆告诉我们要注意什么。

2. 看到了心仪的藏品，难免会想要用手中的相机记录下来，但是要注意将相机的闪光灯调整到关闭状态，因为闪光灯会给这些珍贵且脆弱的文物带来一定的损害。

3. 遇到没有玻璃罩子的文物，不要伸手去摸，与文物之间保持一定的距离，反而为我们从另外的角度去欣赏文物打开一扇窗。

4.在展厅里请不要喝水或吃零食,这样能体现我们对文物的尊重。

5.参观博物馆要遵守秩序,说话应轻声细语,不可以追跑嬉闹。对秩序的遵守不仅是为了保证我们自己参观的效果,更是对他人的尊重。

6.就算是为了仔细看清藏品,也不要趴在展柜上,把脏兮兮的小手印留在展柜玻璃上。

7.博物馆中热情的讲解员是陪伴我们参观的好朋友,在讲解员讲解的时候不要用你的问题打断他。若真有疑问,可以在整个导览结束后,单独去请教讲解员,相信这时得到的答案会更细致、更准确。

8.如果是跟随团队参观,个子小的同学站在前排,个子高的同学站在后排,这样参观的效果会更好。当某一位同学在回答老师或者讲解员提问时,其他同学要做到认真倾听。

记住了这些,让我们一起开始博物馆奇妙之旅吧!

小提示：南湖革命纪念馆始建于1959年10月，是为了纪念中国共产党第一次全国代表大会在嘉兴南湖闭幕而建造的一座纪念性建筑。1991年7月，由嘉兴人民捐资建造的南湖革命纪念馆新馆落成并对外开放，主体建筑为中国共产党党徽造型，建筑风格庄重大气，是中国百个爱国主义教育基地之一。

小提示：玉琮是一种内圆外方的筒形玉器，是我国古代主要礼器之一。

可是，为什么在南湖革命纪念馆的门口会有这样一座喷泉呢？

原来，玉琮象征着混沌未分的天与地，而南湖革命纪念馆要讲述的，正是中国历史上一件开天辟地的大事——中国共产党第一次全国代表大会的召开。

穿过宽阔的广场，就步入了庄重大气的展馆，展览的第一部分展示了鸦片战争以来中国人民遭受的深重苦难和进行的不屈抗争。"吾中国四万万人，无贵无贱，当今日在覆屋之下，漏舟之中，薪火之上，如笼中之鸟，釜底之鱼，牢中之囚……此四千年中二十朝未有之奇变！"这是抄录在展牌上的戊戌变法领袖康有为的一段话。随着参观的进行，我渐渐理解，康有为的话绝不是危言耸听，当时的中华民族真的已经被逼到了悬崖的边缘。

小提示：大家去博物馆参观的时候，很容易被图片、实物资料吸引，却往往忽视了展牌上的文字。这些文字有的是对展览内容的概括，有的是对展品背景的介绍，还有的是很重要的文献材料。所以，在参观的时候，一定记得要看一看展牌哟！

中国共产党第一次全国代表大会的会址由上海转移到嘉兴南湖,所以纪念馆中也有当时嘉兴火车站的复原场景。听,蒸汽机车似乎仍在轰鸣,这预示着中国的命运即将发生重大转变!

展览的第二部分展示了中国共产党领导中国人民取得抗日战争、解放战争的胜利,以及建设新中国的光辉历程。

站在喜气洋洋的开国大典复原场景前,我觉得整个世界都亮起来了!

看着哥哥姐姐们庄重的面孔,看着他们胸前闪闪发光的团徽,我心里无比羡慕,盼望自己也快快长大。

当我们走出展厅时,看到很多大哥哥大姐姐身穿校服,在广场上排成整齐的方阵。原来,这是附近一所高中在举行十八岁成人仪式。一百多名高中生在革命圣地庄严宣誓,以成年人的身份接过革命先辈的嘱托和期望。

小提示:南湖革命纪念馆针对青少年开展了形式多样的入队、入团、成人仪式、清明祭扫先烈等主题教育活动。青少年在此身临其境地感受中国共产党建党的艰难以及带领中国人民取得的一个又一个胜利,从而认识到党的伟大与正确。

南昌八一起义纪念馆

地址：江西省南昌市中山路380号

开馆时间：周二至周日 9:00—17:00
周一闭馆（国家法定节假日除外）

门票：免费

电话及网址：0791-86613806
http://www.byjng.com

来到南昌后，我发现了一个有趣的现象，这里有许许多多的"八一"：八一广场、八一大道、八一公园、八一剧场、八一中学、八一小学……还有我这次参观的目的地——南昌八一起义纪念馆。正是纪念馆中展示的那段光辉历史，使"八一"两个字成为这个城市荣耀的标志。

小提示：南昌起义是中国共产党为反击国民党当权派屠杀共产党人和工农群众，挽救革命，于1927年8月1日在江西省城南昌发动的武装起义。南昌八一起义纪念馆成立于1956年，1959年10月1日正式对外开放，1961年被国务院公布为全国首批重点文物保护单位。作为中国军史第一馆，该纪念馆自开放以来就备受瞩目。

进入纪念馆大门,我最先被一座古色古香的四层大楼吸引了。这就是当年作为南昌起义总指挥部的江西大旅社,旅社内部采用了场景复原的陈列方式。

走进旅社,我看到门厅左侧的"营业厅"里摆满了那个年代的烟酒

小提示: 场景复原是博物馆经常采用的一种陈展方式。它采用实物原貌陈列的手段,为参观者营造出穿越时空、身临其境的感觉。场景的复原不能凭空想象,而是要查阅大量的原始资料,里面凝聚了博物馆工作人员的辛劳和智慧。

从旅社大楼出来，穿过起义领导人雕像广场，便进入新馆陈列大厅。这里主要展示了南昌起义的经过，也展示了中国共产党领导的武装力量发展、壮大的光辉历程。南昌起义胜利后，全城都披上了节日的盛装，到处洋溢着欢庆的气氛。展厅中那幅五万人庆祝大会的全景画再现了当时的场景。

南昌起义后，因为革命斗争形势的需要，起义军转战井冈山。这时，参观路线也随之一转，眼前忽然出现一

小提示：讲解员可是博物馆里"最有故事的人"。博物馆里有些建筑细节别具深意，需要讲解员提示给大家看；有些藏品故事曲折离奇，需要讲解员讲述给大家听。声情并茂的讲解能够使整个博物馆都变得鲜活起来。所以，大家在参观博物馆时，如果能认真听一听讲解，那才算是不虚此行呢。

条幽静的山间小径。小径尽头隐隐似有红旗招展。我循着山路跑上去,原来,小径尽头描绘的正是井冈山会师的盛大场面。

参观接近尾声的时候,我发现一处陈列着人民军队各个时期的军旗、军装和证章的展柜。鲜艳的红旗、笔挺的军装、光灿灿的帽徽和领章,都是我这个军事迷的最爱。我急忙掏出相机和笔记本,又是拍,又是记,真恨不得把整个展柜搬回家去。

小提示: 现在我们参观博物馆,常常会带上相机,这样就可以把整个博物馆"装"回家里,慢慢欣赏了。但是,大家在拍照前一定要看看,是否有"禁止拍照"或"禁用闪光灯"的提示。有些博物馆出于保护文化产权的考虑,不允许参观者拍照。而有些文物,比如木材、植物、丝绸等,容易受到光线的影响而变质,它们就不适宜用闪光灯拍照。

一代英姿

周恩来邓颖超纪念馆
地址：天津市南开区水上公园西路9号
开馆时间：周二至周日 9:00—16:00
　　　　　周一闭馆（不含国家法定节假日）
门票：免费
电话及网址：022-23592257
http://www.mzhoudeng.com

　　提到天津，大家都会想到南开大学。去南开大学参观的人们都要到学校主楼前面瞻仰周恩来总理的汉白玉雕像。而周恩来、邓颖超夫妇的纪念馆就位于南开大学附近。

　　我参观完心仪已久的南开大学，从学校西南门出来，沿着水上北道走了没多久，就来到了周恩来邓颖超纪念馆。

1898 — 1976

小提示： 周恩来邓颖超纪念馆坐落在风光旖旎的水上公园风景区，占地 70000 平方米。纪念馆建于 1998 年 2 月 28 日周恩来诞辰百年纪念日前夕，共有三大陈列区：主展厅、按 1:1 比例仿建的北京中南海西花厅专题陈列厅、专机陈列厅。纪念馆的展览生动再现了周恩来、邓颖超两位伟人光辉灿烂的一生，以及为祖国、为人民鞠躬尽瘁的崇高精神。

我最先参观的是主展厅。主展厅第一个单元是瞻仰厅，里面正面耸立着周恩来、邓颖超的汉白玉雕像《情满江山》，背景是一幅名为《海阔云舒》的大型壁毯。大厅两侧的浮雕墙，从左到右依次镌刻出

南昌起义的场景我再熟悉不过了，因为不久前我刚刚参观过画面中的江西大旅社，周恩来就是在那里指挥南昌起义的。

五四运动、南昌起义、红军长征、西安事变、开国大典和祖国建设等历史性画面。

展厅一楼是周恩来生平陈列厅。这组展览用丰富的图片、实物资料,再现了周恩来的求学经历,展示了他在中国革命进程中立下的不朽功勋,以及他在担任中华人民共和国总理期间的历史性贡献。

在纪念馆的一块展牌上,清楚记录着周

> 在语文课上学过,知道周恩来在12岁的时候就立下"为中华之崛起而读书"的大志向。

恩来在南开学校读书期间取得的各种荣誉：化学考试最优者、笔算最优者、习字比赛行书优胜、代数得足分者、毕业考试国文最佳奖……这些荣誉让我羡慕不已。不过，最令我钦佩的是周恩来并非为了成绩而读书，明确的志向贯穿在他整个求学经历中。

邓颖超同志诞生一百周年
（一九〇四年——一九九二年）

纪念馆二楼是邓颖超专题展厅,这里展示了邓颖超在革命战争年代和建设改革时期,团结、领导各界妇女创建新中国、参加社会主义建设的伟大贡献。

邓颖超的朋友们都亲切地称呼她为"邓大姐",我爷爷也曾说过,他们小时候都称呼她为"邓妈妈"。亲人般的称呼体现了邓颖超平易近人的优秀品质,也表达了中国少年儿童对"邓妈妈"的尊重和爱戴。

小提示： 周恩来邓颖超纪念馆的主展厅可免费参观，专机陈列厅和西花厅专题陈列厅则需要购票参观。

我从书中得知，这种小型飞机在飞行过程中颠簸得非常厉害，在这种环境下坚持工作，一定需要很大的毅力。

从主展厅出来，我买了10元门票，近距离参观了周总理曾经乘坐过的伊尔14型678号专机。从1957年至20世纪60年代中期，周总理乘坐该机到过许多国内城市，还去过越南、朝鲜等周边国家。即便在旅途中，周总理的工作依旧繁忙。狭窄的机舱里，一边是办公桌，一边是供周总理休息的简易单人床，床头挂着一幅总理在飞机上办公时的照片。

与主展厅相比，西花厅的展览更具生活气息。这个展区是依照20世纪60年代中南海西花厅的布局和风格仿建而

> 在这里,我看到了一对生活简朴、和蔼可亲的邻家爷爷奶奶。

成的。前后两进院落,采用实景实物、原貌陈列的方式,展示了周恩来、邓颖超的生活和工作环境。后院两侧的厢房里,陈列着大量周恩来、邓颖超的生活用品。其中有埃及前总统纳赛尔送给周总理的电视机,有周总理从苏联捎回来送给工作人员孩子的三轮童车,还有周总理接了边儿的毛背心、天津73名工人为邓妈妈缝制的棉袄等。每一件展品背后都有一段感人的故事。

　　时间过得真快啊,几天的博物馆之行在不知不觉中已经接近尾声了!从旅途中,我们重温了一件件改变中国命运的大事件背后的故事,体会到了伟人们平凡生活中的点点滴滴。在博物馆中追寻历史的点点足迹,真是一件有益又有趣的事情!

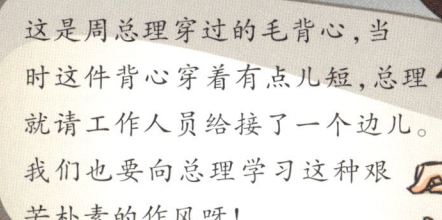

> 这是周总理穿过的毛背心,当时这件背心穿着有点儿短,总理就请工作人员给接了一个边儿。我们也要向总理学习这种艰苦朴素的作风呀!

编后记

难忘的旅程

《四海遗珍的中国梦》《阅读最美的建筑》……一本本图文并茂的"博物馆里的中国"付梓，心里有喜悦、激动，更有诸多的期待和祝福，希望每个读到这套书的读者，都能和我们一样，发现博物馆的美好，爱上这个珍藏着人类文明记忆的地方。回首从确立选题到图书出版的一千个日日夜夜，有许许多多的记忆片段闪现在脑海。

2012年，编辑有幸结识了中央民族大学博物馆学、人类学教授潘守永先生，进而走近了"四月公益"——一个由众多年轻人参与组织的博物馆志愿者协会，认识了连续11年为孩子做义务讲解的"朋朋哥哥"……在一次次交谈中，我们被潘教授以及他的专家团队、被孩子们口中的朋朋哥哥和他的"草根团队"对博物馆的热爱所感动，对当下博物馆减免门票、开始走进大众生活展开讨论，从而萌生了编写和出版一套专门给青少年读者阅读的博物馆类图书的想法，告诉他们博物馆里有知识，有文化，有过去、现在和未来，博物馆里有一个丰富绚烂、多姿多彩的中国。

中国已经有了超过4000家各类博物馆和数以亿计的藏品，如何从浩如烟海的藏品中选择出最具历史文化价值的藏品，同时用既能体现藏品背后的文化底蕴、科学知识，又能为孩子所喜欢的形式展现出来？如何保证图书的前沿性、专业性、权威性、传承性和趣味性？由此，编辑踏上了一段虽辛苦却乐在其中的旅程。

● 博物馆之旅有他们同行，我们走得更坚实。

我们实地走访、电话拜访了全国80多家重点博物馆，面见约谈了30位以上博物馆专业的专家、学者和博物馆爱好者，并召开10次以上大中小型讨论会，确立了由2位主编、8位编委、20位作者组成的创作团队。其中有省级重点博物馆相关部门负责人，有博物馆学教授，有博物馆相关研究领域专家，还有中国国家博物馆、首都博物馆、中华世纪坛世界艺术馆义务讲解员等，他们的背后还有多位大学教授、专家学者，以及中国科学院院士的学术支持。

● 旅途中，时常会有惊喜闪现。

走访博物馆时，年轻却无比敬业、专门给孩子进行讲解的讲解员给每一块矿石找到"萌点"，将高深的知识转化为生动的语言，这位可爱的讲解员哥哥，最后被我们吸收进了创作团队；召开编委会时，主编为了启发作者的思路，讲述无数藏品背后的小故事：马王堆出土的帛书是由博物馆的老师傅经过3个月的悉心修复才得以呈现它的本来面目，而三星堆的权杖更是经过了长达半年的处理才重现原貌……

● 敬业的编辑团队，让博物馆之旅充满了创意。

开始创作，旅行进入了最精彩的阶段。编辑翻阅了很多博物馆方面的图书，观看和历史、文化有关的电视纪录片，与作者反复沟通，希望在藏品的海洋中选取最具代表性的珍宝，为读者呈现出精华中的精华；审读样稿的过程中反复斟酌，找到最适合孩子的表述方式，并对书中的几千张精美图片、几百幅卡通插图，一一写出文字建议。细心的读者可以发现，这部丛书每一页的版式设计、文字、照片、插图都经过精心设计和巧妙构思。我们力求让文字和插图"活起来"，让藏品如一个个精灵般站在读者面前，把自己的故事讲给读者听。

● **"创新"是这段旅程中的关键词,它几乎无处不在。**

这套书摒弃了以馆划分的传统,以更为灵活、富有趣味性的"主题"分册;介绍藏品时,完全以故事的形式进行呈现,彰显了中国五千年文明的奕奕神采;为全面展示中华悠久文明,我们将流落海外且数量巨大的中国文物收入一册;此外,每册图书后均加入了"博物馆参观礼仪小贴士""博乐乐带你游博物馆"等互动环节,让孩子们读过此书,在真正走进博物馆时,随身所带的不仅仅是一双发现的眼睛,更怀有一颗对历史、文化、艺术的尊重之心。

这一次"博物馆里的中国"之旅,我们遇见了 600 余件藏品,分布于国内外近 150 家博物馆。这些藏品或在中国历史上具有震代的作用,或在海内外具有极高的知名度,或能体现中华民族传统文化精髓,或能展示中国从古到今的科技成就……由于图书篇幅所限,我们对博物馆内的藏品必须有所取舍,无法面面俱到,但窥一斑而知全豹,中国古往今来的发展历程,丰富灿烂的文化传承,在这套书里还是得到了非常真切的展现。那些更多的图书之外的藏品和故事,等待着读者们亲自走进博物馆去发现!

"博物馆里的中国"跨越历史,把流金岁月里经时间长河洗礼而愈加熠熠生辉、异彩纷呈的文化呈现在读者面前。如果亲爱的读者在放下本书后,能够真切地感受到中华文化的博大与美好,萌生去探寻博物馆里的中国的好奇之心,从而走进博物馆、爱上博物馆,便是本丛书编写队伍所有参与者最大的快乐。

编者

2015 年 8 月